FUSSBÖDEN

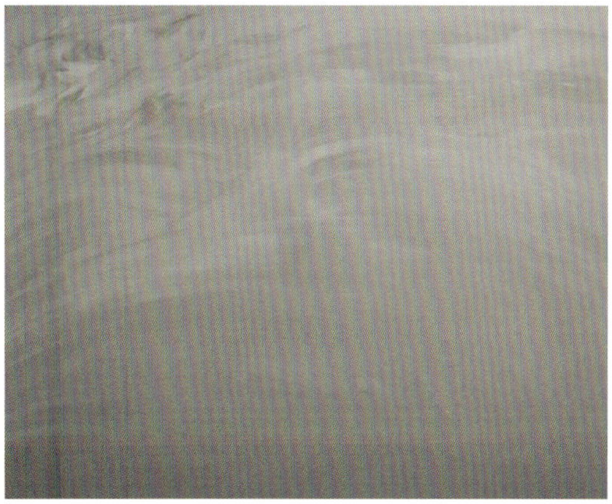

Johannes Kottjé

FUSSBÖDEN

Attraktive Wohnbeispiele für Neubau und Modernisierung

Deutsche Verlags-Anstalt

INHALT

EINFÜHRUNG

> Boden unter den Füßen

»Festen Boden unter den Füßen« zu haben gehört zu den Grundbedürfnissen des Menschen. Auf Wände oder ein Dach über dem Kopf verzichten wir je nach Situation und Witterung gelegentlich gern – doch zieht es uns sprichwörtlich »den Boden unter den Füßen weg«, empfinden wir dies bestenfalls in Ausnahmesituationen als spannenden Nervenkitzel, in der Regel jedoch als beängstigend. Von entsprechender Bedeutung ist die Beschaffenheit des Grundes, über den wir uns bewegen oder auf dem wir uns niederlassen: Auf Waldboden läuft man völlig anders als auf Asphalt, im Gras sitzt man anders als auf Steinen.

Dasselbe gilt prinzipiell für den Fußboden in Gebäuden. Er stellt die Fläche dar, auf der wir leben und arbeiten, die Oberfläche der Räume, mit der wir nahezu permanent in Berührung sind, die »Wohn-Fläche« eines Wohnhauses im Wortsinn. Während wir es bei Wänden und Decken als großzügig und befreiend empfinden, wenn sie größeren Abstand zu uns haben, fühlen wir uns durch den unmittelbaren Kontakt mit dem Boden getragen. Für das Ambiente und die Wahrnehmung eines Raums ist daher der Fußboden nicht nur optisch von Bedeutung. Auch haptisch und psychologisch beeinflusst er entscheidend mit, ob wir uns in einem Haus wohlfühlen oder nicht, oft unterbewusst.

Nicht ohne Grund machen sich Bauherren und Architekten meist über die Gestaltung des Bodens und die Auswahl des Belags mehr Gedanken als über Wände und Decken. Nicht ohne Grund wählen sie für diese häufiger als für jene prägnante Farben, Muster und Strukturen. Doch auch einfarbig und glattflächig bildet der Boden die Oberfläche eines Raums, die unser Empfinden am intensivsten beeinflusst. Stellen wir uns einen leeren Raum mit weiß gestrichenen Wänden vor, so kann dieser klassisch oder puristisch, elegant oder rustikal, konventionell oder extravagant wirken, einzig durch unterschiedliche Bodenbeläge! Vor diesem Hintergrund kommt dem Thema der Materialehrlichkeit bei Böden eine ganz besondere Bedeutung zu.

Durch unseren engen Kontakt mit dem Boden erleben wir ihn nicht nur besonders intensiv, sondern beanspruchen ihn auch stark: Wir übertragen Lasten auf ihn, malträtieren ihn durch die Reibung von Schuhen und die scheuernde Wirkung von Staub, Dreck und Steinchen, und, um Letztere wieder zu entfernen, mit Staubsaugerbürste und Wischwasser. In der Küche muss der Boden Spritzer von heißem Bratfett erdulden, im Bad eine gelegentlich erhöhte Wasserbelastung und im Eingangsbereich Straßenschmutz und Regenwasser. Die Kunst liegt also darin, für jeden Raum einen optisch wie haptisch passenden und ansprechenden Bodenbelag zu finden, der zugleich den jeweiligen Beanspruchungen gewachsen ist und sich mit vertretbarem Aufwand pflegen und erhalten lässt. Zu berücksichtigen sind dabei auch sekundäre Eigenschaften der Bodenmaterialien, etwa ihr Einfluss auf die Raumakustik.

Bevor sich Bauherren und Architekten jedoch über die Fußböden einzelner Räume Gedanken machen, sollten sie die grundlegende Frage klären, ob für das gesamte Haus oder die ganze Wohnung einheitliche oder unterschiedliche Bodenbeläge gewünscht werden. Hiervon hängt in hohem Maße ab, ob ein Raumzusammenhang als offen oder unterteilt wahrgenommen wird. Daher ist es in der modernen Architektur ein beliebtes Stilmittel, nicht nur die Grundrisse durch Weglassen von Wänden oder durch Lufträume über Geschosse hinweg offen zu gestalten, sondern dies auch durch einheitliche Böden zu betonen. Einerseits wirkt diese Einheitlichkeit großzügig, andererseits vermittelt sie unter Umständen wenig Intimsphäre oder Andersartigkeit, was für bestimmte Räume durchaus wünschenswert sein kann. So mag es psychologisch sinnvoll sein, das Schlafzimmer so vom für Besucher offenen Teil des Haues abzusetzen, Kindern in ihrem Zimmer das Gefühl eines persönlichen Rückzugsbereichs zu geben oder beim Betreten und Verlassen des häuslichen Arbeitszimmers eine merkliche »Schwelle« zu überschreiten.

Dabei schließen sich großzügige Einheitlichkeit und differenzierende Verschiedenartigkeit noch nicht einmal gegenseitig aus. Hierzu lohnt sich das Spiel mit den verschiedenen Merkmalen eines Materials und den zugehörigen, bereits erwähnten Sinneswahrnehmungen: Böden aus unterschiedlichen Materialien, aber in ähnlicher Farbigkeit lassen sich ebenso kombinieren wie Farbvarianten ein und desselben Materials.

Der Markt für Bodenbeläge ist unüberschaubar groß. Dieses Buch möchte Bauherren und Architekten eine Hilfestellung dabei geben, aus der schieren Menge der Angebote möglichst geeignete Materialien auszuwählen. Im Unterschied zu einem herstellerspezifischen Produktkatalog, der den Fokus naturgemäß auf ein begrenztes und recht einheitliches Sortiment richtet, möchte das Buch den Blick weiten. Es möchte zu einem Streifzug durch die angebotene Materialvielfalt einladen, von der selbstverständlich auch hier nur ein beispielhafter Bruchteil gezeigt werden kann.

Jedes Kapitel stellt ein anderes Material oder eine andere Materialgruppe vor, jeweils mit den wichtigsten technischen Eigenschaften und Hinweisen zu Nutzung und Pflege. Im Anschluss zeigen zahlreiche Beispiele gestalterische Aspekte der einzelnen Bodenbeläge im Zusammenspiel mit den unterschiedlichen Räumen eines Hauses.

Die Auswahl der Beispiele folgt zwei Ansätzen: Zum einen sollen sie den Leser auf unkonventionelle und neuartige Bodenmaterialien hinweisen, zum anderen auf oft unbekannte Varianten ganz klassischer Beläge. Es kann reizvoll sein, augenfällige Materialien zu verwenden, die vom Gewohnten abweichen – allerdings sollte man eine solche Entscheidung gerade bei Bodenbelägen gut abwägen, aufgrund ihrer besonderen Bedeutung für das Raumambiente und ihrer in Wohnräumen meist hohen Lebensdauer. Im Zweifel sollte man keine Scheu haben, auf ein ganz klassisches, zeitloses Material und Design zu setzen – vielleicht ja in einer bislang noch unbekannten Variante, auf die man in diesem Buch stößt?

HOLZ

Seit Jahrtausenden wird Holz als Baumaterial eingesetzt – vom Keller bis zum Dach. Bis heute überzeugt es mit seinen vielfältigen konstruktiven wie ästhetischen Vorzügen.

Einer seiner Einsatzzwecke ist die Verwendung als Bodenbelag. Hier kann das Naturmaterial sein überwältigendes ästhetisches Potenzial voll entfalten, bietet es doch ein so umfangreiches Sortiment an Farben, Strukturen und Mustern wie kein anderer Bodenbelag. Die Farbpalette reicht dabei von fast weißen Hölzern über eine unüberschaubare Anzahl an Braun- und Grautönen bis hin zu beinahe schwarzen Oberflächen. Unterschiedlichste Maserungen bestimmen die grafische Struktur eines Holzbodens, die im Unterschied zu gedruckten Mustern anderer Böden ohne jede Wiederholung auskommt. Durch Oberflächenbehandlungen wie Beizen oder Räuchern lässt sich das naturgegebene Erscheinungsbild der Hölzer auch verändern, insbesondere, um einfacheren, helleren Hölzern eine noch edler wirkende dunklere Oberfläche zu geben.

Bei so vielen positiven Eigenschaften überrascht es nicht, dass sich Holz in den letzten Jahren zum mit Abstand beliebtesten Bodenmaterial in Deutschland gemausert hat – eine Position, die über Jahrzehnte der Teppichboden innehatte. Über 50 Prozent der Böden in Neubau und Altbau werden derzeit aus Holz gefertigt.

Holzböden eignen sich für jeden Raum einer Wohnung oder eines Hauses, entgegen einer verbreiteten Ansicht auch für Badezimmer – mit vorübergehender Nässeeinwirkung kann Holz bestens umgehen, sofern es anschließend wieder trocknen kann.

Die Art der Raumnutzung sollte auch bei der Auswahl der verwendeten Hölzer berücksichtigt werden, denn die einzelnen Holzsorten unterscheiden sich teilweise in hohem Maße in ihrer Härte und vertragen daher unterschiedlich starke Beanspruchungen. Sehr hohe Härtegrade, gemessen nach dem sogenannten Brinell-Verfahren, weisen etwa Olivenholz (51 N/mm^2), Kirsche (45 N/mm^2), Merbau und Wenge (je 40 N/mm^2) auf, gefolgt von Esche (38 N/mm^2), Ahorn, Buche, Eiche (je 34 N/mm^2). Deutlich weicher sind Nadelhölzer wie Douglasie (18 N/mm^2), Fichte (12 N/mm^2), Kiefer und Lärche (19 N/mm^2).

Holz lässt sich in unterschiedlichen Ausführungen (Konfektionierungen) als Bodenbelag einsetzen. Hierbei ist zunächst zu unterscheiden zwischen Dielen und Parkett: **Dielenböden** bestehen aus mindestens 8 Zentimeter breiten Brettern, die häufig den gesamten Raum an einem Stück durchziehen. Ihre Dicke in Wohnräumen beträgt heute meist 2 bis 3 Zentimeter, bei historischen Böden gelegentlich bis zu 4 Zentimeter. Dielen werden klassischerweise auf Lagerhölzern verlegt und müssen daher auch eine statische Funktion übernehmen. Bei historischen Holzbalkendecken dienen sie teilweise auch zur Aussteifung der Konstruktion. Solch klassische Dielen werden mit Nut und Feder verbunden und mit Nägeln oder Schrauben an den Lagerhölzern befestigt, heute meist verdeckt, schräg durch die Federn. Jünger ist die schwimmende Verlegung unmittelbar auf ebenen Flächen, etwa Estrichen, bei der die Dielen entweder vollflächig verklebt werden oder auf einer dünnen Trennlage aufliegen. Um hierbei für eine sichere Verbindung zu sorgen, wurden spezielle Klick-Systeme entwickelt, ähnlich den bei Laminatböden meist eingesetzten.

Insbesondere in Wortverbindungen wird der Begriff Diele auch irreführend eingesetzt. So handelt es sich etwa bei den als »Landhausdielen« angebotenen Bodenbelägen keineswegs um massive Bretter, sondern um – weiter unten näher erläutert – Mehrschichtparkett mit einer Oberfläche in Dielenoptik.

Wohl kein anderer Bodenbelag ist in so unterschiedlichen Qualitäten und Preisklassen erhältlich wie **Parkett**. Zum einen werden viele unterschiedliche Holzsorten zu Fußböden verarbeitet, vor allem aber werden unter dem Oberbegriff »Parkett« die unterschiedlichsten Konstruktionen angeboten.

Klassisches Parkett besteht aus massivem Holz und ist in diversen Formaten erhältlich. Das Sortiment reicht vom kleinteiligen Mosaik- bis zum Stabparkett, und eine Reihe von Verlegemustern ist möglich. Für Qualität und Langlebigkeit entscheidend ist die Stärke, die zwischen 8 und 22 Millimeter beträgt. Massivholzböden können nach zehn bis 20 Jahren, wenn die Oberfläche verbraucht ist, abgeschliffen werden. Pro Schliff werden 1 bis 2 Millimeter abgetragen. Massivholzparkett wird nach dem Verlegen mit Wachs, Öl oder Lack behandelt.

Preiswerter als Massivparkett ist **Mehrschichtparkett**, früher **Fertigparkett** genannt. Es besteht aus einer Trägerplatte aus Holzwerkstoffen oder einfachem Massivholz, darauf liegt die Nutzschicht von 2 bis 6 Millimetern Stärke. Auf der Unterseite ist eine Gegenzugschicht aus Nadelholzfurnier angebracht, die verhindert, dass sich das Element verformt. Die Nutzschicht entspricht einem sehr dünnen Massivparkett, lässt sich aber höchstens ein- bis zweimal abschleifen. Mindestens 3,5 Millimeter Stärke sind empfehlenswert. Trägerplatten aus hochwertigen Holzwerkstoffen – beispielsweise MDF oder HDF – sind formstabiler, solche aus Massivholz ökologisch vorteilhafter; Spanplatten sollten gänzlich vermieden werden. Mehrschichtparkett wird in größeren Verlegeeinheiten vorgefertigt, die manchmal ebenfalls fälschlich als »Dielen« bezeichnet werden. Diese weisen bereits das gewünschte Verlegemuster auf und sind teilweise fertig oberflächenbehandelt. Auch hier kann man zwischen Öl-, Wachs- und Lackbeschichtung wählen.

Der theoretisch preisgünstigste Holzboden ist **Furnier**- oder **Echtholzparkett**. Es entspricht

VORTEILE

> sehr große Auswahl an Holzarten, Maserungen und Verlegemustern
> sehr gutes Preis-Leistungs-Verhältnis, teilweise kostengünstig (insbesondere Dielen und Industrieparkett)
> teilweise für Fußbodenheizung geeignet
> warm und lebendig wirkendes Material, auch haptisch angenehm
> pflegeleicht
> sehr widerstandsfähig und langlebig (insbesondere Massivparkett)
> stellenweise Ausbesserungen möglich
> sehr gute Ökobilanz (einschließlich Entsorgung)

NACHTEILE

> Verlegen in Eigenleistung nur durch sehr versierte Heimwerker möglich
> nur feuchtebeständig, wenn rasche Trocknung möglich
> Feuchteeinwirkung kann bei einigen Holzarten bleibende optische Mängel hinterlassen

in seinem Aufbau dem Mehrschichtparkett, die Nutzschicht ist allerdings sehr dünn. Sie wird werksseitig mit einer besonders strapazierfähigen Lackschicht versehen. Furnierparkett lässt sich nicht aufarbeiten und ist daher unter dem Gesichtspunkt der Langlebigkeit nicht zu empfehlen. Es wird meistens verwendet, um sehr teure Hölzer bezahlbar zu machen – und ist hierdurch dann in der Regel doch in oberen Preisregionen angesiedelt.

Abgesehen vom Mehrschichtparkett, dessen Oberfläche stets lackiert ist, lassen sich alle Dielen- und Parkettböden wahlweise mit **Wachs**, **Öl** oder **Lack** behandeln. Im Wohnbereich sind die lange Zeit beliebten Lackoberflächen seit den 1980er-Jahren zunehmend von den auch in früheren Jahrhunderten verwendeten Wachsen und Ölen verdrängt worden. Im Unterschied zu ihren klassischen Vorbildern erhalten heutige Produkte neben den Namen gebenden Substanzen oft allerlei Zusatzstoffe, die die Verarbeitung und das Ergebnis verbessern sollen. Während Wachse und Öle die natürlichen Eigenschaften des Holzes wie Farbe und Struktur betonen, versiegelt Lack die Oberfläche und verändert Optik und Haptik. Lackierungen halten tendenziell länger, dafür lassen sich bei geölten und gewachsten Oberflächen abgenutzte Bereiche auch partiell unmerklich und leicht ausbessern. Stark feuchtebeanspruchte Holzböden sollten entgegen landläufiger Meinung nicht lackiert werden, da über Risse in das Holz eingedrungene Feuchte durch die Lackschicht schlechter austrocknen kann.

Bei Dielenböden ist es auch möglich –, und war es in früheren Zeiten oft üblich – ganz auf eine Oberflächenbehandlung zu verzichten. Dies ist die ökologischste Variante, allerdings auch die arbeitsintensivste: Ein unbehandelter Holzboden will regelmäßig mit Seifenlauge gründlich geschrubbt werden, dafür bietet er die uneingeschränkten hygienischen und ätherischen Eigenschaften des Holzes, das desinfizierend und in gewissem Maße geruchschluckend wirkt.

Doch auch oberflächenbehandelt ist Holz ein besonders ökologisches Material: Es wächst stetig nach, bindet dabei Kohlendioxid aus der Luft und verrottet später rückstandsfrei – sofern es nicht im Rahmen seiner Verarbeitung mit unverrottbaren Materialen vermischt wurde. Genau dies ist jedoch bei Holzwerkstoffplatten häufig der Fall, wie sie sich bei nicht massiven Parketten finden. Zudem können hier, insbesondere bei Billigst-Parketten, chemische Verbindungen enhalten sein, die nach und nach ausgasen und zu geruchlichen, im Extremfall sogar zu gesundheitlichen Problemen führen. Ähnliches gilt für Parkettkleber und -oberflächenanstriche, die unter Umständen sogar zum sogenannten Fogging-Effekt beitragen können. Hierbei lagert sich ein schwarzer, schmieriger Film auf Wänden und Kunststoffoberflächen ab.

Entscheiden sich Bauherren auch aus ökologischen Gründen für einen Holzboden, sollten sie versuchen, auf Hölzer aus heimischem Anbau zurückzugreifen. Für diesen Wunsch ist der Schreiner oder Bodenleger vor Ort häufig der richtige Ansprechpartner.

HOLZSORTEN

> die große Vielfalt der Natur

Es gibt unzählige Holzsorten, aus denen sich auf vielerlei Weisen Bodenbeläge herstellen lassen. Somit bietet die Natur ein Sortiment an Farben, Strukturen und Mustern, das so vielfältig ist wie bei keinem anderen Bodenbelag. Bevor im Anschluss Holzböden im räumlichen Zusammenhang vorgestellt werden, hier eine kleine Auswahl dieser natürlichen Vielfalt und einige Möglichkeiten der Oberflächenbehandlung (S. 15).

Ahorn (1),
Walnuss (2),
Kirsche (3),
Eiche naturöl (4),
Räuchereiche (5),
Olivenholz (6)

Hersteller: Durafloor (1–5), OlivenholzParkett (6)

1

2

3

4

5

6

1
2
3
4
5
6
7
8
9
10
11
12

Ahornparkett im Wilden Verband (1)
Doussie-Schiffsboden (2)
Zebrano-Holz im Wilden Verband (3)
Esche im Wilden Verband (4)
Merbau-Schiffsboden (5)
Nussbaum-Schiffsboden (6)
Bambus-Mehrschichtparkett (7)
Strandbambus-Dielen (8)
Räuchereiche im Parallelverband (9)
Eiche natur im Wilden Verband (10)
Jatoba-Schiffsboden (11)
Wenge-Schiffsboden (12)

Unterschiedliche Oberflächen:
Eichendielen, graubraun lackiert (13)
Eichendielen, gebürstet und weiß lackiert (14)
Eichendielen, hellbraun lackiert (15)
Eichendielen, gebürstet und weiß geölt (16)

Hersteller: Durafloor

DIELEN

> der Fußbodenklassiker

Seit der Antike finden Dielen als Bodenbelag Verwendung. Über Jahrhunderte hinweg waren Dielen der Fußboden schlechthin, ob im Fürstenschloss oder im Bauernhaus. Sie unterschieden sich höchstens durch die Holzsorte und durch teilweise darüberliegende Teppiche. Bis in die 1950er-Jahre wurden zur besseren Ausnutzung der Baumstämme Dielen in unterschiedlichen Breiten gemischt verlegt, was ein lebendiges Bild ergab. Heute werden auch Dielenböden teilweise industriell hergestellt und typisiert angeboten, exakt zugeschnitten auf konfektionierte Breiten. Dem Charme eines solchen Bodens tut dies kaum Abbruch, lässt er doch wie kein anderer die natürliche, unverwechselbare Maserung des Holzes erkennen. Auch Mehrschicht- und Furnierparkette sind in Dielenoptik erhältlich. Besonders edel wirken oft dunkle Böden, wobei die Färbung bei vielen Hölzern nur durch Räuchern oder Beizen erzielt werden kann, hier etwa gebeizte Lärche (4), Räuchereiche, lackiert (1), Kerneiche, thermobehandelt und geölt (2) sowie Nussbaumholz, das auf der Terrasse in Douglasiendielen fortgeführt wird (3).

Hersteller: Parador (1), Admonter (2), Hoco (3)
Architekten: [lu:p] Architektur (2), k_m Architektur (3)

1

2

3

4

Ob harter Kontrast zwischen Rustikal und Modern-Kühl, Ton in Ton gehaltene Farbigkeit oder unaufgeregte Eleganz: Eichendielen in unterschiedlichen Farbnuancen passen auch heute noch bestens in jeden Raum, gleich wie er genutzt wird. Hersteller: Parador (1, 2), Admonter (3)

1

2

3

LAMELLENPARKETT

> robust und edel

1

2

3

Die alternative Bezeichnung Industrieparkett trägt den Ursprung dieses Bodenbelags bereits im Namen. Hergestellt aus hochkant aneinandergereihten, etwa 15 Zentimeter langen Massivholzlamellen, ist dieses Parkett äußerst robust und langlebig. Bei einer Dicke von meist 19 oder 22 Millimetern ist mehrmaliges Abschleifen möglich, wodurch ein solcher Boden in Wohnräumen problemlos 100 Jahre halten kann. Traditionell wird Lamellenparkett aus Eichenholz produziert, wie auch die Beispiele auf dieser Doppelseite. Früher wurde das Holz stets lackiert, heute wird es meist geölt oder gewachst. Lamellenparkett kann in jedem Raum eines Hauses verlegt werden, auch in Feuchträumen und auf Fußbodenheizungen. Sogar eine Fortführung als Wand- oder Möbelbekleidung ist möglich.

Hersteller: individuelle Anfertigungen
Architekten: Gudrun Fischer (1, 2), Bucher-Beholz Architekten (3), architektur+raum (4)

1

2

3

Im industriellen Bereich wurde Lamellenparkett aufgrund seiner besonders hohen Beanspruchbarkeit verwendet, die auch auf die Härte des Eichenholzes zurückzuführen ist. Zudem können kleine Holzquerschnitte und sogar Holzabfälle zur Herstellung der Lamellen verwertet werden, was das Material bis heute äußerst preisgünstig macht. Inzwischen wird das einst als eher ärmlich angesehene Lamellenparkett auch aus hochwertigen Hölzern produziert. Besonders beliebt ist Nussbaum (1–3), eine sehr lebhafte Struktur bietet etwa Olivenholz (4). Für die Raumwirkung ist von wesentlicher Bedeutung, ob die Lamellen längs oder quer zur Hauptblickrichtung angeordnet werden (1, 2).

Hersteller: OlivenholzParkett (4), individuelle Anfertigungen (übrige)
Architekten: Gudrun Fischer (1, 2), H²M Architekten (3)

4

MUSTER

> Böden mit optischer Struktur

Erscheinungsbild und Wirkung eines Holzfußbodens werden neben der natürlichen Maserung des Holzes von einer weiteren Oberflächenstrukturierung wesentlich beeinflusst: dem Verlegemuster. Das spielt insbesondere bei Stabparketten eine Rolle, weniger bei Böden aus breiten Dielen oder kleinen Lamellen. Derzeit erfährt insbesondere das Fischgrätmuster eine Renaissance, eine harmonische, ruhige Art der Diagonalverlegung, die auch in den 1950er-Jahren und im Historismus sehr beliebt war. Hier drei Beispiele in Buche (2), Eiche (3) und Nussbaum (4). Die regionale Herkunft vieler Verlegemuster spiegelt sich in ihren Namen wider. So werden etwa beim »Englischen Verband« die Stäbe jeweils um eine halbe Länge versetzt parallel verlegt – hier ergänzt um dunkel kontrastierende, quadratische Versatzstücke jeweils zwischen zwei Stäben (1).

Hersteller: MeisterWerke (1, 4), individuelle Anfertigung (2), Parador (3), Architekt: Albert Ringlstetter (2)

3

4

1

Wem das breite Spektrum an Mustern, das sich durch die zahlreichen Kombinationsmöglichkeiten üblicher Holzmaserungen und Verlegemuster erzielen lässt, nicht genügt, der kann auf weitere, teils extravagante Möglichkeiten zurückgreifen. So gibt es Hölzer mit besonders kontrastreicher Maserung oder die Möglichkeit, durch unkonventionelles Zerlegen eines Baumstamms besonders markante Holzmusterungen zu erzielen (2). Auch das Bedrucken von Holzböden mit beliebigen Mustern ist heute möglich – hier Maßleisten, die bei üblichem Betrachtungsabstand zu einem abstrakten Muster verschwimmen. Besonders zeitlos ist dergleichen allerdings nicht und auch aufgrund der unendlichen natürlichen Vielfalt de Materials zu hinterfragen (1). Hersteller: Parador

OBERFLÄCHEN

> die Struktur der Fläche

1

2

Gebürstetes Holz zeigt seine Oberflächenstruktur und Maserung besonders deutlich. Es wird gern gewählt, um einen rustikalen oder »antiken« Effekt zu erzielen und hierzu passend oft dunkel lackiert oder geölt (1 → Eiche lackiert, 2 → Lärche geölt, 3 → Eiche geölt).
In Verbindung mit anderen schlichten, roh belassenen Oberflächen sowie matt gewachst und geölt wirken Dielen besonders ursprünglich: hier leicht grau getönte Eiche vor grob verputzten Ziegelwänden ohne dominierende Ornamentik (3).

Hersteller: Durafloor (1), individuelle Anfertigung (2), Admonter (3)
Architekten: Gassner & Zarecky (2)

3

KÜNSTLICH GEALTERTES HOLZ

> Patina im Zeitraffer

Gleich, ob es darum geht, in einem alten Gebäude einen möglichst authentischen neuen Boden zu verlegen oder in einem modernen Neubau einen rustikalen Kontrast zu setzen: Holz, das durch bewusst herbeigeführte, maschinelle Beschädigungen und eine patinierende Beizung künstlich gealtert ist, eignet sich ausgezeichnet dafür. Es bietet den Charme des Unperfekten und ist auf seine Art besonders robust, denn auf ein paar weitere Schrammen und Dellen kommt es nicht an. Nahezu jedes Holz lässt sich derart vorbehandeln, jedes Verlegemuster realisieren. Die Verlegung geht sogar rascher, da die heute sonst bei Holzböden erforderliche Präzision hier nicht passen würde. Hersteller: Di Legno

BAMBUS

> der Grasboden für Wohnräume

Bambus ist ein verholzendes Riesengras, das in Asien traditionell als Baustoff genutzt wird. Er gehört zu den am schnellsten wachsenden Pflanzen und ist somit ein besonders nachhaltiges Material. In Europa wurde Bambus erst vor Kurzem für den Innenausbau von Wohnräumen entdeckt, wobei er oft als eine Art Lifestyle-Material angesehen wird. Dabei ist Bambus in Maserung und Farbigkeit – wovon jeweils etliche Varianten erhältlich sind – so zeitlos wie Eichenholz und bietet große Vorzüge: Robust wie Hartholz, ist er durch seine Luftporen elastischer und bietet hohen Gehkomfort. Hersteller: Plyboo

HOLZ IM RAUM

> ein stilistisches Chamäleon

Auch wenn die Gestaltung des Bodens von enormer Bedeutung für das Ambiente eines Raums ist, verhält sich ein Holzboden so neutral, dass er nie dessen Stil dominiert. Dies zeigen die Bilder auf dieser Doppelseite: fünf Parkette, die sich im Format ihrer Stäbe, in der Maserung der Hölzer und ihrer Kontrastspreizung (dem Kontrast zwischen hellsten und dunkelsten Bereichen innerhalb eines Holzes) ähneln (1 → Nussbaum, 2 → Räuchereiche, 3 → Lärche,4 → Doussie, 5 → Jatoba). Sie alle unterstreichen die unterschiedlichen Stilrichtungen der jeweiligen Räume.

Hersteller: Durafloor (1, 2, 5), individuelle Anfertigung (3), Adler (4)
Architekten: Albert Ringlstetter (3), Klaus Beslmüller (4)

3

4

5

> Kombination mit Weiß – beliebt, harmonisch, zeitlos

Überaus beliebt ist die Kombination von Holzböden mit weißen Oberflächen, nicht nur von Wänden, sondern auch von Möbeln, Brüstungen oder Treppenuntersichten. Entscheidet man sich für Hölzer mit ruhiger Maserung wie Wenge (1), Esche (2) oder Eiche (3, 4), erzielt man eine zeitlose, harmonische Kombination. Ihr besonderer Reiz besteht darin, dass Holz und Weiß einerseits neutral sind, andererseits jedoch einen starken Kontrast bilden, der verhindert, dass das Neutrale ins Banale entgleitet.

Hersteller: Durafloor (1, 2), bambeau (3), mafi (4)
Architekten: baurmann.dürr (3), Bembé Dellinger (4)

1

2

3

4

1

2

Auch für Schlafräume jeder Art eignet sich die Kombination von Holzböden mit ansonsten weißen Oberflächen hervorragend. Im Kinderzimmer (2) bildet sie einen beruhigenden Rahmen für eine farbige Ausstattung, im Schlafzimmer (1) passen Ergänzungen in gedeckten Tönen hervorragend. Besonders ansprechend ist es, wenn sich die Kombination Holz-Weiß bei den übrigen Ausstattungsgegenständen fortsetzt, möglichst mit einem zum Boden kontrastierenden Holz (3).

Hersteller: Franz Parkett (1), tilo (2), Admonter (3)

3

1

Großzügige Dielen, weiße Flächen, weiße Möbel: Besonders ruhig und »clean« wirkt dazu ein astfreier Eichenboden mit dezenter Maserung (2, 4), lebhafter beispielsweise leicht weiß pigmentiere Douglasie (1, 3).

Hersteller: DiPro (1, 3), Admonter (2, 4)
Architekten: philipparchitekten (1, 3)

2

3

4

1

2

Je dunkler der Boden, desto stärker der Kontrast zu weißen Wänden, Möbeln und Vorhängen. Doch auch: desto größer der erforderliche Raum, damit Böden wie die hier gezeigten unterschiedlichen Nussbaumdielen nobel und nicht drückend wirken. Gekonnt inszenierte bunte Elemente oder Glasflächen, die die Natur ins Haus holen, tragen zusätzlich zu einem wohnlich-lebendigen Ambiente bei.

Hersteller: Bembé (1), individuelle Anfertigung (2, 3)
Architekten: philipparchitekten (alle)

3

> Holz rustikal – roher Charme

Was wären rustikale Räume ohne viel Holz? Insbesondere die hier zu sehenden Lärchendielen unterstützen eine solche rohe und doch heimelige Ästhetik hervorragend. Im Gutshaus wirken sie so rustikal wie elegant (1); ins Kaminzimmer bringen sie schon optisch Wärme (2, 5); im neu ausgebauten, jahrhundertealten Dachstuhl (3) vermitteln sie zwischen der wuchtigen Holzkonstruktion und dem modernen Mobiliar; in historischen Wohnstuben greifen sie Textur und Maßstäblichkeit der Bohlenwände und -decken auf (4). Beim Vergleich mit den vorherigen Seiten wird die enorme Neutralität und Anpassungsfähigkeit von Holzböden erkenntlich: Die hier auf den ersten Blick als eindeutig rustikal eingeordneten Dielen ließen sich genauso in puristisch-modernen Räumen verlegen.

Hersteller: individuelle Anfertigung (1, 3, 5), Admonter (2), Eigenleistung Bauherren (4)
Architekten/Planer: Albert Ringlstetter (1, 5), Jürgen B. Schrader (3), Schärf-Bolze-Ludwig (4)

3

4

5

> Holz und Bad – kein Widerspruch

Oft wird vermutet, Holz eigne sich schlecht für Badezimmer, da es bei Kontakt mit Wasser leicht faule. Dies trifft allerdings nur zu, wenn es nicht frei trocknen kann. Klar für Holzböden in Bädern spricht seine angenehme Fußwärme. Entsprechend dem heute verbreiteten Entwurfsansatz, Schlafzimmer und Bad als eine Einheit zu betrachten, setzt sich bei Bild (2) das Nussbaumparkett des Schlafzimmers als Weg durch das Bad nahtlos fort. Unterhalb der Waschbecken und im anschließenden Dusch- und Toilettenbereich findet sich ein keramischer Fliesenbelag. Ein ähnliches Konzept, aber mit einem Eichenboden, zeigt Bild (1), hier ist sogar die Oberseite des Waschtischs in Holz gehalten. Bild (3) zeigt das Bad in einem alten Dresdner Haus mit Ahornboden und Natursteinwand, ergänzt um Wanne und Dusche aus Holz, die ein Küfner individuell angefertigt hat.

Hersteller: bambeau (1), Bembé (2), Eigenleistung Bauherren (3)
Architekten: baurmann.dürr (1), philipparchitekten (2), Anja Seidler (3)

3

LAMINAT

Laminat sieht Parkett meist zum Verwechseln ähnlich. Es lässt sich leicht in Eigenleistung verlegen, ist preiswert und pflegeleicht.

Vom Aufbau her ist es dem Furnierparkett vergleichbar, allerdings wird statt der Furnierschicht ein bedrucktes Dekorpapier aufgebracht. Als eigentliche Nutzschicht fungiert eine sehr strapazierfähige Beschichtung aus Melaminharz. Durch Verbesserungen in der Produktion hat sich Laminat seit den 1990er-Jahren zu einem relativ qualitätvollen und dennoch preiswerten Bodenbelag gemausert, der beliebt ist zur Verlegung in Eigenleistung und nach dem Verlegen sofort begehbar. Auch die optischen Eigenschaften können überzeugen: Die Holzdekore werden mithilfe fotografischer Verfahren von Echtholz übernommen. Gute Laminatböden sehen daher für Laien oft besser aus als minderwertiges Mehrschichtparkett. Seit 2009 gibt es sogar Fabrikationsmethoden, die die Oberflächenstruktur eines Holzbodens einschließlich der typischen V-Fugen zwischen Dielen im Dreidimensionalen nachempfinden können.

Doch auch wenn Holzimitate der Regelfall sind: Prinzipiell lässt sich jedes beliebige Motiv auf einen Laminatboden übertragen. So bieten seit Kurzem einige Hersteller auch die Fertigung individueller Böden an, etwa um ein Firmenlogo großformatig im Eingangsbereich eines Bürogebäudes abzubilden. Für Wohnhäuser mit meist relativ geringen Flächen ist der Aufwand allerdings unverhältnismäßig hoch.

Die Qualität von Laminat hängt insbesondere vom Material der Trägerplatte und der Art der Fertigung ab: Für Billiglaminate werden einfache Holzwerkstoffplatten verwendet, üblich sind MDF-, am hochwertigsten HDF-Platten. Von der Trägerplatte hängt vor allem die Formbeständigkeit der Laminatpaneele ab. Schutz gegen eindringende Feuchtigkeit bieten Imprägnierungen der Kanten oder sogar der kompletten Trägerplatten. Besonders strapazierfähig ist Hochdruck-Laminat (HPL), das überwiegend im gewerblichen Bereich eingesetzt wird. Preisgünstiger und gebräuchlicher ist direktbeschichtetes Laminat (DPL).

Gemäß der europäischen Norm DIN EN 13329 entsprechen den Nutzungsintensitäten »mäßig«, »normal« und »stark« die Beanspruchungsklassen 21, 22 und 23 für den Verwendungszweck Wohnen, und die Klassen 31, 32 sowie 33 für gewerblich genutzte Räume. Für gewerbliche Nutzung geeignete Laminate können selbstverständlich erst recht in Wohnräumen Verwendung finden. Nicht zu verwechseln mit den Beanspruchungsklassen sind die Abriebklassen AC 1 bis AC 5. Ebenso werden weitere Eigenschaften wie Lichtechtheit oder Stoßfestigkeit nach DIN EN 13329 überprüft. Über die normierten Qualitätsmerkmale geben selbsterklärende Piktogramme auf der Verpackung Auskunft. Viele Hersteller scheinen sich der Qualität ihrer Laminate sicher zu sein:

Garantieversprechen von zehn bis 15 Jahre sind keine Seltenheit, manchmal sind es sogar 30 Jahre. Allerdings sollte man sich bewusst sein, dass sich diese Garantie lediglich auf die Abriebfestigkeit, nicht aber auf Formbeständigkeit oder Lichtechtheit bezieht. Während Formveränderungen die Ebenheit des Bodens und somit seine Begehbarkeit beeinträchtigen können, kann mangelnde Lichtechtheit das Dekor schlimmstenfalls unansehnlich machen.

Das größte Problem hinsichtlich der Langlebigkeit des Materials sind Beschädigungen der Oberfläche, unter der dann unschön die Trägerplatte zum Vorschein kommt: Während sich Holzböden abschleifen und elastische, textile und keramische Beläge partiell austauschen lassen, kann ein beschädigtes Laminatpaneel in der Regel nur durch Aufnehmen des gesamten Bodens vom Rand aus und Neuverlegen ersetzt werden. Auch dies ist nur möglich, wenn die einzelnen Paneele nicht miteinander verleimt wurden, wie es bei früheren Nut- und Feder-Systemen üblich war und bei heutigen Klick-Systemen gelegentlich noch zum Schutz vor eindringender Feuchtigkeit gemacht wird. Doch selbst mit verleimten Fugen eignen sich Laminate keinesfalls für Feuchträume.

Auch Laminatböden mit integrierter Trittschalldämmung werden angeboten, was insbesondere für die Renovierung sinnvoll sein kann. Neubauten sollten zwar planmäßig über eine ausreichend dimensionierte, belagsunabhängige Trittschalldämmung verfügen, doch trennt diese nur zwischen Räumen und Geschossen. Da Laminat recht hart ist, entstehen auch innerhalb des Raums laute Auftrittsgeräusche. Diese lassen sich durch eine integrierte oder unmittelbar unter dem Laminat ausgelegte Dämmung dämpfen. In jedem Fall muss beim Verlegen äußerst penibel auf einen Wandabstand von etwa 2 Zentimetern geachtet werden, um eine Schallableitung in die Wände zu unterbinden. An der Wand befestigte Fußleisten überdecken diesen Abstand. Sie sollten minimal über der Oberfläche des Bodens schweben.

Laminatböden entsprechen der Emissionsklasse E1 und gelten als emissionsfrei. Dennoch geben sie meist in sehr geringen Mengen Formaldehyd an die Raumluft ab. Von einer Gesundheitsgefährdung ist nach aktuellem Wissensstand nicht auszugehen. Sofern zum Verlegen Kleber verwendet werden, sollten sie frei von schwerflüchtigen organischen Verbindungen sein, die zum Fogging-Effekt beitragen können.

Aufgrund der elektrostatischen Aufladung ziehen Laminate Staub regelrecht an. Ein kleiner Teppich, in dem sich der Staub sammelt und der regelmäßig außerhalb des Hauses ausgeschüttelt wird, kann Abhilfe schaffen.

In diesem Buch gibt es nur wenige Gestaltungsbeispiele für Laminatböden, da Laminate optisch lediglich andere Materialien, meist Parkett, imitieren. Alle gestalterischen Anregungen, die sich im Kapitel über Holzböden finden, lassen sich also auf Laminate übertragen.

VORTEILE

- sehr große Auswahl an Designs, meist Holzimitate
- überwiegend kostengünstig
- lässt sich einfach in Eigenleistung verlegen
- sehr pflegeleicht
- teilweise für Fußbodenheizung geeignet

NACHTEILE

- Feuchteeinwirkung kann bleibende optische Mängel hinterlassen
- nicht für Feuchträume geeignet
- nahezu dampfdiffusionsdicht (insbesondere bei Altbausanierungen von Bedeutung)
- trotz Holzoptik oft eher kühl wirkend, »künstliche« Haptik
- nur bedingt widerstandsfähig und teilweise optisch kurzlebig
- stellenweise Ausbesserungen nur bei sehr kleinen Schäden möglich
- durch harte Oberfläche negative Auswirkungen auf die Raumakustik möglich
- deutlich schlechtere Ökobilanz als Holz

RAUMBEISPIELE

> Schlafzimmer, Kinderzimmer, Wohnräume

1

2

Meist in Holzoptik und von diesem dank moderner Fertigungstechniken kaum noch zu unterscheiden: Laminatfußböden. Prinzipiell eignen sie sich für jeden Wohnraum, in dem nicht mit Feuchtigkeitsbelastung zu rechnen ist: in Schlafräumen (1, 2) als allergikerfreundliche Lösung, in Kinderzimmern (3) als preiswerter, robuster Boden, in Wohnräumen (4) als Möglichkeit, in Eigenleistung einen »Holz«-Boden zu verlegen.

Hersteller: Quick-Step (1, 2, 4), HARO (3)

3

4

DEKORVARIANTEN

> mehr als Holzimitat

Meist verbindet man mit Laminat die Optik von Holzböden, die als Foto auf die Designschicht des mehrlagigen Werkstoffs aufgebracht wird. Ebenso gut sind beliebige andere Motive möglich: abstrakte Muster, Schriftzeichen, klassische Fliesenbeläge oder abfotografierte Gegenstände – der Fantasie sind keine Grenzen gesetzt.

Hersteller: Parador

STEIN

Naturstein ist neben Holz der älteste Bodenbelag – und der langlebigste, wie jahrhundertealte, noch erhaltene Steinböden belegen.

Zugegeben: Mit heutigen Vorstellungen von einem ebenen Bodenbelag haben solch historische Steine nicht viel zu tun. Bei manch altem Bauernhaus liegen sie noch heute unmittelbar im Erdboden, auf dem das Haus gebaut ist. Anzusehen ist die lange Beanspruchung häufig den in Kirchen oder Schlössern verlegten edleren Steinen, die von wesentlich mehr Füßen betreten wurden. Jedoch: Gar so hart im Nehmen, wie häufig vermutet, ist das Material nicht.
»Der Stein trügt«, so könnte man in Abwandlung des Sprichworts sagen. Einige Steinsorten sind säureempfindlich, einige können sich unschön verfärben, und andere werden durch Oberflächenbearbeitungen, die Materialien sonst robuster machen, empfindlicher.
Man unterscheidet zwischen vulkanischen Gesteinen wie Basalt oder Granit und Sedimentgesteinen wie Sandstein, Schiefer oder Kalkstein mit seinen zahlreichen Varianten – die edelste davon ist Marmor. Deutlich preisgünstiger, in Optik und Eigenschaften jedoch ähnlich, ist Kunststein.

Vulkanische oder **magmatische Gesteine** entstehen durch schnelles Aushärten von Lava nach einem Vulkanausbruch. Sie verfügen über eine feinkörnige, homogene und dadurch harte, widerstandsfähige Struktur. Bis vor wenigen Jahren wurden die recht rustikalen Steine als edler empfunden, wenn ihre Oberfläche glatt poliert war. Eine solche Behandlung macht sie allerdings erheblich empfindlicher gegenüber mechanischer Beanspruchung und insbesondere im feuchten Zustand gefährlich rutschig.

Sandstein hingegen reagiert auf Polieren so, wie man es von den meisten Materialien kennt: Er wird kratzfester – wobei er im Vergleich zu magmatischen Gesteinen immer noch deutlich weicher bleibt. Sandstein entsteht, wenn sedimentierte Sandkörner über Jahrtausende unter hohem Druck lagern. Seine Farbigkeit richtet sich nach dem ursprünglichen Ausgangsgestein und reicht von Weiß- über Gelb- bis zu Rottönen. Seine Oberfläche ist von Natur aus grob und eher unregelmäßig. Sandstein ist abriebfester als Kalkstein und im Unterschied zu diesem säurebeständig.

Gewonnen aus versteinerten Kalkschichten, sind die unterschiedlichen, regional geprägten **Kalksteinarten** stets eine Vorstufe von Marmor, einige Sorten haben bereits eine marmorierte Oberfläche. Andere zeigen etwa Spuren von Fossilien oder Unregelmäßigkeiten, die dem Material Lebendigkeit und Charme verleihen. Durch feines Schleifen erhält Kalkstein eine leicht glänzende Oberfläche. Er ist jedoch fleck- und säureempfindlich. Um unschöne, nicht reparable Oberflächenverletzungen und Verfärbungen durch säurehaltige Putzmittel oder Lebensmittel wie Rotwein zu vermeiden, sollte das Bodenmaterial imprägniert werden.

Ein weiteres Sedimentgestein ist **Schiefer**, entstanden durch Ablagerung von Tonschichten. Neben den bekannten anthrazitfarbenen Schiefern gibt es auch braune, grüne und weiße Sorten. Typisch für das Material sind seine meist deutlich erkennbaren Schichtungen, doch gerade für den Einsatz als Bodenbelag sind auch glattflächigere Sorten erhältlich. Große Formate sind ebenso lieferbar wie kleine, die insbesondere mit rauer Oberfläche extrem lebendig wirken. Auch Schiefer ist nicht säurebeständig und relativ empfindlich gegen mechanische Einwirkungen, durch die sich die einzelnen Schichten voneinander lösen können. Momentan sind mehrere Feinsteinzeug-Fliesen auf dem Markt, die die neu entdeckte, faszinierende Optik des Schiefers nachahmen, dabei jedoch deutlich preiswerter, unempfindlicher und leichter zu verlegen sind – allerdings fehlt ihnen auch das markante, meist bläuliche Changieren der tiefdunklen Oberfläche.

Solche lebendigen Effekte vieler Natursteine fehlen auch den **Kunststeinen**. Diese bestehen meist aus Beton mit färbenden oder die Struktur beeinflussenden Zusätzen, der sich bei manchen Fabrikaten auf eine mindestens 10 Millimeter dicke Deckschicht beschränkt und auf eine Tragschicht aus normalem Beton aufgebracht wird. Kunststein muss nicht in jedem Fall Naturstein imitieren, auch freie Muster sind möglich. Die Oberfläche kann poliert oder wie Naturstein bearbeitet werden. Das Material überzeugt durch seine Langlebigkeit und sein gutes Preis-Leistungs-Verhältnis.

VORTEILE

> sehr große Auswahl an Natur- und Kunststeinen für nahezu jeden Einsatzzweck

> meist für Fußbodenheizung geeignet

> je nach Steinsorte warm und lebendig wirkendes Material, auch haptisch angenehm

> pflegeleicht

> sehr widerstandsfähig und langlebig

> kleinere Beschädigungen werden als Patina wahrgenommen

> für Feuchträume geeignet

NACHTEILE

> Verlegen in Eigenleistung nur durch sehr versierte Heimwerker möglich

> starke Feuchteeinwirkung kann bei einigen Steinen bleibende optische Mängel hinterlassen

> teilweise nicht säurebeständig (häufig andere Erwartungen!)

> durch harte Oberfläche negative Auswirkungen auf die Raumakustik möglich

> teilweise schlechte Ökobilanz durch »Raubbau« und weite Transportwege

BASALT

> der kühle Graue

Basalt entsteht durch schnelles Aushärten von Lava nach einem Vulkanausbruch, wobei die heute genutzten Vorkommen jahrtausendealt sind. Der Stein hat eine feinkörnige, homogene und somit stabile Struktur sowie eine recht gleichmäßige dunkelgraue Färbung. Basalt ist eigentlich widerstandsfähig, es sei denn, seine Oberfläche wird poliert. Sie wird dann rutschig und anfällig für Kratzer. Hersteller: Beltrami

SANDSTEIN

> der warme Stein

Wenn Sandkörner über Jahrtausende unter hohem Druck lagern, verbinden sie sich zu einem Sedimentgestein mit poröser Struktur. Die Farbigkeit von Sandstein richtet sich nach dem ursprünglichen Ausgangsgestein und reicht von Weiß- über Gelb- bis zu Rottönen. Seine Oberfläche ist von Natur aus grob und eher unregelmäßig, durch nasses Feinschleifen lässt sie sich glätten und gewinnt an Kratzfestigkeit. Sandstein ist deutlich weicher als etwa Basalt oder Granit und wirkt schon allein aufgrund seiner Farbe deutlich wärmer als diese dunklen, magmatischen Gesteine. Sandstein ist abriebfester als Kalkstein und im Unterschied zu diesem säurebeständig.

Hersteller: Beltrami

KALKSTEIN

> der weiche Allrounder

Kalkstein ist der Überbegriff für eine Vielzahl regional geprägter Sedimentgesteine aus versteinerten Kalkschichten. Einige Sorten haben eine marmorierte Oberfläche, andere zeigen etwa Spuren von Fossilien oder Unregelmäßigkeiten, die dem Material Lebendigkeit und Charme verleihen. Kalkstein passt zu klassischer Architektur genauso wie zu minimalistisch-moderner, wobei im zweiten Fall meist fein geschliffene und hierdurch leicht glänzende Oberflächenqualitäten Verwendung finden. Kalkstein wirkt deutlich wärmer als Basalt oder Granit, dies gilt insbesondere für erdfarbene Varianten. Er ist jedoch wenig abriebfest und insbesondere fleck- und säureempfindlich. In Küchen oder Sanitärräumen verlegt, sollte er unbedingt imprägniert werden.

Hersteller: Steinwerkstatt (1), Beltrami (2–4)

1

2

3

4

Gerade in Kombination mit Holz oder anderen erdfarbenen Materialien sorgt Kalkstein für ein optisch warmes Ambiente – fußwarm wird er hingegen nur durch eine Fußbodenheizung.

Eine besondere Kalkstein-Sorte ist Blaustein (2, 3), benannt nach dem je nach Lichteinfall mehr oder weniger bläulichen Schimmer des eigentlich grauen Materials. Er ist deutlich härter und abriebfester als die meisten anderen Kalksteine, jedoch ebenso säureempfindlich.

Hersteller: Beltrami

2

3

SCHIEFER
> filigran geschichtet

Auch Schiefer ist ein Sedimentgestein, entstanden ist er durch die Ablagerung von Tonschichten. Am bekanntesten sind anthrazitfarbene Schiefersorten, mal eher grau, mal mit einem feinen Blauschimmer. Es gibt jedoch auch braune, grüne und weiße Sorten. Typisch für das Material sind seine meist deutlich erkennbaren Schichtungen, doch gerade für den Einsatz als Bodenbelag sind auch glattflächigere Sorten erhältlich. Große Formate sind ebenso lieferbar wie kleine, die insbesondere mit rauer Oberfläche extrem lebendig wirken. Das Material eignet sich prinzipiell für jeden Raum eines Hauses, ist allerdings nicht säurebeständig.

Hersteller: Beltrami

Schiefer ist ein faszinierendes Material, nicht nur wegen seines interessanten geschichteten Aufbaus. Mit seiner stets leicht changierenden tiefdunklen Oberfläche wirkt es äußerst edel, wird dabei jedoch nicht als kühl empfunden. Schieferböden passen, wie die meisten Natursteine, zu moderner wie zu klassischer Architektur und lassen sich mit nahezu jedem anderen Material gut kombinieren.

Hersteller: SONAT (1), Stiegler (2–4)
Architekten: Herkrath + Bogatzki (1), architektur+raum (2, 4), Bucher-Beholz Architekten (3)

1

3

4

BETONSTEIN

> das robuste Imitat

Betonsteine bestehen aus Beton, dem in der Regel Zusätze beigegeben werden. Als Steinimitat sind sie deutlich preiswerter als Naturstein und oft unempfindlicher. In ihrer Anmutung kommen viele Betonsteine dem Naturstein sehr nahe, erreichen jedoch kaum das den meisten Natursteinen eigene, lebendige Changieren der unregelmäßigen Oberflächen. Betonstein wirkt hierdurch atmosphärisch kühler. Viele Betonsteine lassen sich in ihrer Raumwirkung zwischen Feinsteinzeug und Naturstein einordnen.

Hersteller: Lucon

STEINTEPPICH

> filigran und natürlich

Im Unterschied zum massiv-gewichtigen und oft kühlen Charakter von Natursteinplatten wirken Steinteppiche feingliedrig-leicht und tragen zu einem warmen Ambiente bei. Sie bestehen aus Kieseln von zwei bis vier Millimetern Durchmesser, die mit farblosem Kunstharz gebunden werden. Die Struktur der Kiesel bleibt dabei haptisch erlebbar. Die Farbgebung hängt von den gewählten Steinchen ab. Unifarbene Steinteppiche sind ebenso möglich wie beliebige Farbmischungen oder auch ornamentale Muster. Steinteppiche sind für nahezu jeden Wohnraum geeignet, in schmutzempfindlichen Bereichen oder Nassräumen sollten jedoch die Poren zwischen den Kieseln geschlossen werden. Mit Schuhen begangen, bietet der Boden hohen Gehkomfort, barfuß kann seine Struktur als unangenehm empfunden werden. Hersteller: Hoeka/Fleurit

KIESEL IN KUNSTHARZ

> dreidimensional und doch glattflächig

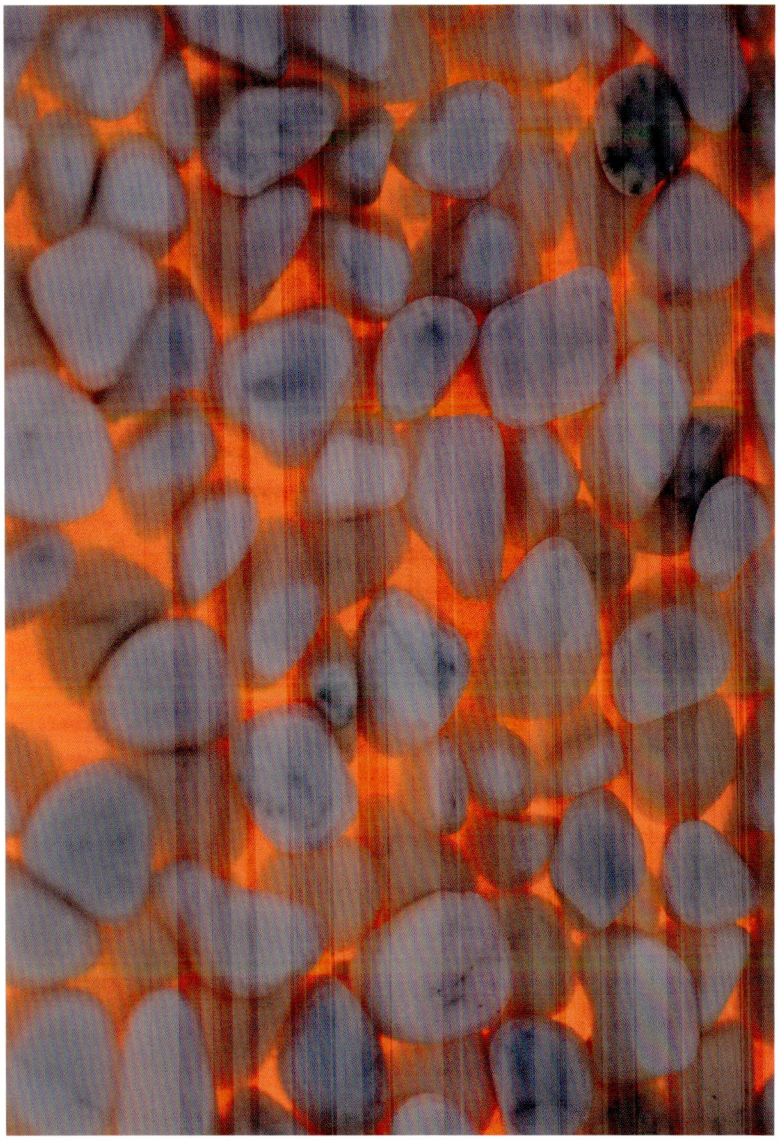

In Kunstharz gegossene Kieselsteine geben Böden eine starke dreidimensionale Wirkung. Dabei ist ihre Oberfläche absolut glatt sowie fugenlos und damit auch besonders pflegeleicht. Der relativ kostenintensive Belag bietet vielfältige gestalterische Möglichkeiten: Anstelle von Kieseln lassen sich andere kleine Gegenstände in das Harz gießen, und auch das Harz selbst lässt sich einfärben. In der Regel ist es lichtdurchlässig und somit hinterleuchtbar. Der Belag eignet sich auch für Wandoberflächen und sogar für Möbelfronten sowie Türen.

Hersteller: Floor Concepts

FLIESEN

Von Natur aus gegen Feuchtigkeit unempfindlich und pflegeleicht sind Fliesen- und Plattenbeläge. In vielen Farben und Mustern erhältlich, eignen sie sich für jeden Wohnraum.

Landläufig unter dem Begriff Fliesen zusammengefasst, unterscheidet man genau genommen Fliesen und Platten, je nach Herstellungsverfahren und Größe. Wichtiger ist der Unterschied zwischen den verschiedenen, meist keramischen Materialien: Einfache Fliesen bestehen aus **Steingut** und sind als Bodenbelag in der Regel nicht geeignet. Dazu werden Fliesen aus **Steinzeug** oder dem besonders hochwertigen **Feinsteinzeug** eingesetzt. Bei Steingut- und Steinzeugbelägen wird auf die sogenannte Scherbe eine farb- und strukturgebende Oberfläche aufgebracht. Wird diese Schicht beschädigt, kommt die oft tonfarbene Scherbe zum Vorschein. Anders verhält es sich bei Feinsteinzeugfliesen, die monolithisch aus einem Material bestehen. Die Materialqualität von Fliesen lässt sich mithilfe eines einfachen Klopftests abschätzen: Während man die Fliese mit einer Hand lose hält, klopft man mit der anderen darauf. Je hohler der Klang, desto minderwertiger das Material, je massiver, desto hochwertiger.

Neben keramischen Materialien finden weitere, in ihren Eigenschaften ähnliche Ausgangsstoffe Verwendung, etwa für kleinteiliges **Glasmosaik**, das sich unter anderem nach antikem Vorbild zu Bodengemälden verarbeiten lässt, oder **Zementfliesen**, die derzeit eine kleine Renaissance erleben.

Von entscheidender Bedeutung für die Beständigkeit von Fliesen ist die Abriebfestigkeit ihrer Oberfläche. Diese ist bei keramischen Belägen in der Regel glasiert. Lediglich Feinsteinzeug wird auch unglasiert und eventuell poliert angeboten. Die Abriebfestigkeit kann als sogenannte Ritzhärte nach der Mohs'schen Härteskala bestimmt werden. Diese unterteilt in die Härtegrade 1 bis 10, als Bodenbelag eignen sich Fliesen mit Härtegrad 5, besonders hochwertige Fliesen erreichen Härtegrad 6. Bei glasierten Belägen verbreiteter ist die Einteilung in Verschleißgruppen. Fliesen und Platten der Verschleißgruppen I und II sollten nur als Wandverkleidung oder in untergeordneten Bereichen zur Anwendung kommen, Bodenbeläge in Wohnräumen sollten Verschleißgruppe III, besser IV, entsprechen. Verschleißgruppe V ist für den gewerblichen Bereich vorgesehen, oft aber kaum teurer als Verschleißgruppe IV.

Weit verbreitet ist der Irrglaube, dass Fliesenbeläge grundsätzlich wasserdicht wären. Die Fliesen selbst sind es, die Fugen dazwischen sind es grundsätzlich nicht! In stark wasserbelasteten Bereichen ist daher ohne Ausnahme eine Abdichtung unter dem Belag vorzusehen. Diese wird heute gern als sogenannte Verbundabdichtung ausgeführt, bei der ein dichtender, unbedingt ohne jede Lücke aufzutragender Kleber Verwendung findet.

Da das Verlegen von Fliesen und Platten relativ zeitaufwendig und somit teuer ist und die Entsorgung Bauschutt verursacht, sollte man hier besonders auf Langlebigkeit des Materials achten. Zudem ist es im Sinne der Beständigkeit ratsam, auf Modefarben und auffällige Dekore zu verzichten. Als zeitlos können am ehesten quadratische Formate gelten, gleich welcher Größe – inzwischen wird Feinsteinzeug in Größen angeboten, die früher nur mit Naturstein möglich waren, und mit Oberflächen, die Naturstein sehr ähnlich sehen.

Wert legen sollte man auf einen überlegten Fliesenschnitt. Das bedeutet, die Fliesen sollten so verlegt werden, dass unschöne kleine Randstücke vermieden werden. Nach Möglichkeit sollte das kleinste Reststück die Größe einer halben Fliese haben. Um dies sicherzustellen, muss der Fliesenschnitt vor dem Verlegen akkurat geplant werden.

Ohnehin sollte man sich bei der Auswahl eines Fliesenbodens nicht nur Gedanken über die Fliesen selbst machen, sondern auch über das sich hieraus ergebende Fugenmuster – es hat oft eine ebenso große Bedeutung. Dies sollte auch bei der Wahl der Farbe der Verfugung berücksichtigt werden. Während das gleichmäßige Raster eines quadratischen Belags dem Raum optische Ruhe gibt, betont das Raster eines Rechteckformats eine Richtung des Raums, verlängert und schmälert oder verkürzt und verbreitert ihn. Fliesenbeläge in kombinierten unterschiedlichen Formaten, wie sie derzeit beliebt sind, können belebend wirken oder unruhig, abhängig von der Gesamtsituation. Gleiches gilt für die aus der Mode gekommene diagonale Verlegung.

In den letzten Jahren sind vermehrt Fliesen auf den Markt gekommen, deren Oberflächen andere Materialien wie Holz, Metall oder sogar Leder imitieren. Ob dergleichen gefällt oder als sinnvoll empfunden wird, ist Geschmacksache.

VORTEILE

- sehr große Auswahl an Designs: unifarben, abstrakte Muster, Imitate anderer Böden
- gutes Preis-Leistungs-Verhältnis, teilweise kostengünstig
- für Fußbodenheizung geeignet
- natürliches Material
- sehr pflegeleicht
- sehr widerstandsfähig und langlebig
- für Feuchträume geeignet
- meist akzeptable Ökobilanz

NACHTEILE

- Verlegen nur durch Fachleute und versierte Heimwerker möglich
- oft kühl wirkend
- durch harte Oberfläche negative Auswirkungen auf die Raumakustik möglich
- stellenweise Ausbesserungen nur durch Austausch einzelner Fliesen möglich

KERAMISCHE FLIESEN

> klassisch, natürlich, langlebig

Für Wohnräume eigenen sich keramische Fliesen aus gestalterischer Sicht etwa, um ein kühles, sachliches Ambiente zu erzielen. Insbesondere gilt dies für pure Fliesen ohne aufgelegte Teppiche. Mit keramischen Böden ausgestattet, wirken Räume oft größer als mit weicheren Belägen, erst recht als mit Teppichboden – Ursache ist ein kleiner Streich, den das Gehirn dem Betrachter spielt: Aufgrund des stärkeren Halls durch die harte Oberfläche vermutet es unbewusst einen größeren Raum.

Hersteller: Arte Casa (1), individuelle Anfertigung (2, 3)
Architekten: philipparchitekten (1), Peter Kuchenreuther (2), gdk architekten (3)

3

1

2

RAUMBEISPIELE

> Bäder

Die meisten Badezimmer werden hierzulande mit einem Fliesenboden versehen. Nicht selten setzt sich der keramische Belag an den Wänden fort, mal raumhoch, mal bis zur halben Höhe. Besonders einheitlich wirkt es, wenn für Wandoberflächen die gleichen Fliesen wie für den Boden genutzt werden, während unterschiedliche Farben und Formate ein differenzierteres Bild schaffen. In bodengleichen Duschen lassen sich Boden- und Wandfliesung nahtlos durchführen, wodurch ein besonders großzügiger Raumeindruck entsteht. Möchte man dagegen die Dusche als eigenen, intimeren Raum im Raum inszenieren, bietet sich ein deutlicher Wechsel von Fliesenformat und/oder -farbigkeit an.

Hersteller: Revigres (1), Sphinx (2), Villeroy & Boch (3)

Hier wurden mithilfe von Fliesenformat und -farbe auf ganz unterschiedliche Weise zwei Badezimmer inszeniert: Links (1) erhielt der Boden durch winzige Mosaikfliesen eine unifarbene, jedoch filigran changierende Oberfläche. Die bodengleiche Dusche (2) wird durch einen Mosaikteppich aus kleinen Keramikkreuzen und runden Glassteinen, gerahmt von einer Bordüre, abgesetzt. Rechts (3) sind mittelgroße, quadratische Fliesen diagonal im Schachbrettmuster verlegt, eine klassische, lebendige und bodenständige Lösung.

Hersteller: Moma (1,2), individuelle Anfertigung (3)
Architekt: Albert Ringlstetter (3)

3

> Eingänge und Flure

1

2

3

Außer in Bädern werden Fliesen gern für Eingangsflure und Dielen verwendet. Auch hier ist die einfache Pflege ein wichtiges Argument. Auf dieser Doppelseite sind fünf unterschiedliche Beispiele zu sehen, denen eines gemeinsam ist: Sie verzichten auf modisch bestimmte Extravaganz und geben sich in gedeckten Tönen – man wird sich nicht so schnell an ihnen sattsehen, ganz gleich, ob es sich um einen rustikalen Boden in Kalksteinoptik, terrakottafarbene Fliesen, den Klassiker Diagonalschachbrett mit Bordüre oder moderne Längsformate, sand- oder schieferfarben handelt.

Hersteller: MOSAIC del Sur (1), individuelle Anfertigung (2), Cotto Hof (3), Mirage (4), porcelain gres (5)
Architekten: Albert Ringlstetter (1–3), baurmann.dürr (4), philipparchitekten (5)

4

5

> Schlafzimmer

Zum Schlafen wünschen sich die meisten Menschen einen Raum mit warmer Atmosphäre. In den letzten Jahren sind Fliesen auf den Markt gekommen, die andere Materialien imitieren, um die Anspruchslosigkeit eines keramischen Bodens mit der Anmutung eines anderen Materials zu kombinieren. Besonders beliebt sind dabei die Imitate von Leder (1, 2) oder Holz (3–5), wobei hier nicht nur die jeweilige Farbigkeit nachgeahmt wird, sondern auch die Oberflächenstruktur. Aus hygienischer Sicht sind Fliesenböden in Schlafzimmern für Allergiker besonders zu empfehlen.

Hersteller: Casa dolce casa

3

4

5

GLASMOSAIK

> brillante Lichtbrecher

Wie der Name schon sagt, handelt es sich bei Glasmosaik nicht um keramische Fliesen. Zu dieser Gruppe wird es jedoch im allgemeinen Sprachgebrauch gezählt und den Fliesenbelägen zugerechnet. Das hat durchaus seine Berechtigung, denn abgesehen von geringerer Stoßfestigkeit sind die funktionalen Eigenschaften von Glasmosaik mit denen keramischer Mosaike vergleichbar. Die Besonderheit von Glasmosaik ist seine ungeheure Farbbrillanz, da das Licht in die kleinen Steinchen eindringt, sich in ihnen bricht und schillernd reflektiert wird. So können selbst unifarbene Flächen je nach Lichteinfall völlig unterschiedlich wirken. Aus den kleinen Glasplättchen lassen sich geometrische, abstrakte und gegenständliche Bilder legen, regelrechte Kunstwerke sind möglich.

Hersteller: Bisazza
Architekten: baurmann.dürr (1)

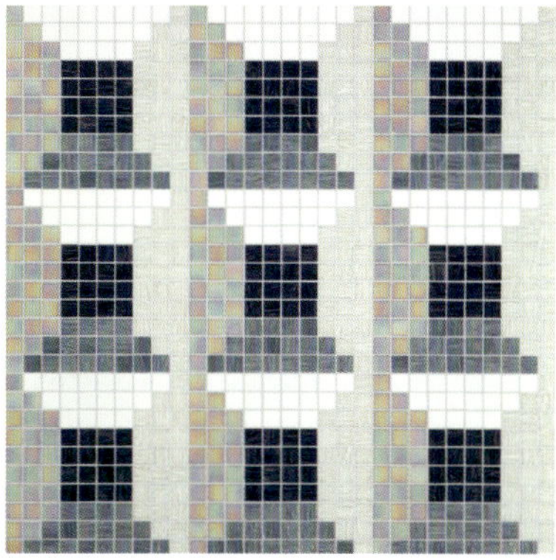

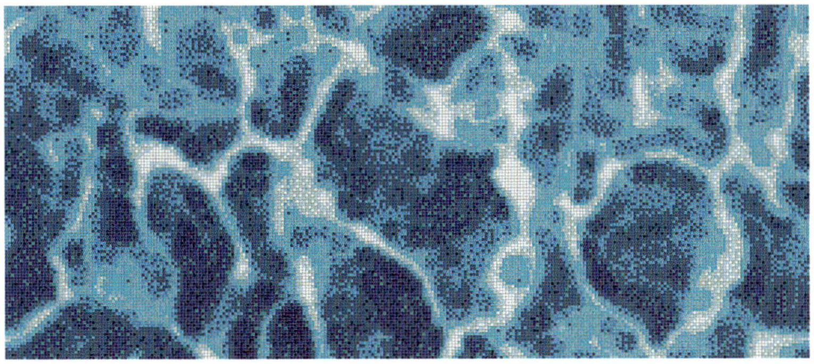
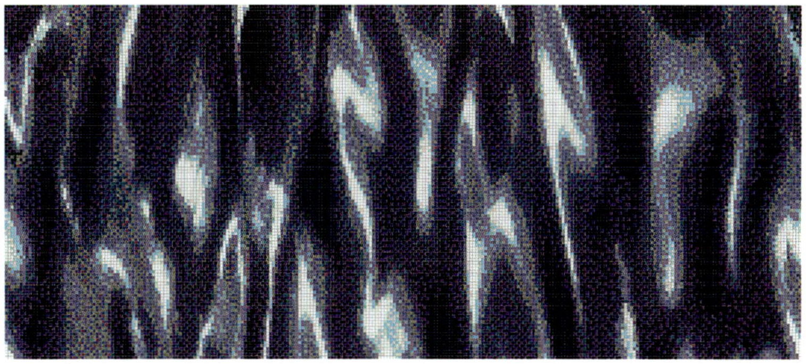

ZEMENTMOSAIKFLIESEN

> gediegene Ornamentik

Eine Sonderstellung unter den Fliesenbelägen nehmen auch die Zementmosaikfliesen ein. Im 19. Jahrhundert zu großer Popularität gelangt, finden sich noch heute originale, gut erhaltene Beläge in vielen Häusern, die vom Historismus bis in die 1920er-Jahre hinein entstanden. Besonders beliebt waren sie für Eingangsbereiche und Küchen, also für Räume, in denen Fußböden besonders hohen Beanspruchungen ausgesetzt sind und eine einfache Reinigung gewünscht wird. Die Zementplatten werden bedruckt oder bemalt, auch individuelle Anfertigungen sind möglich. Hersteller: VIA

LACANCHE

In Zementmosaikfliesen steckt auch heute noch liebevolle Handarbeit. Sie sind nicht so homogen »perfekt« wie rein maschinell hergestellte, keramische Fliesen, doch gerade das macht einen Teil ihres Reizes aus, und es gibt wohl kaum einen charmanteren Bodenbelag. Möglich ist eine schier unbegrenzte Anzahl an Oberflächen, doch gleich ob einfaches Schachbrettmuster oder überbordende Ornamentalität – allen gemeinsam sind kleinteilige Wiederholungen der Muster, die den enorm robusten Bodenbelag filigran, unprätentiös und warm wirken lassen.
Hersteller: VIA

TEXTILE BELÄGE

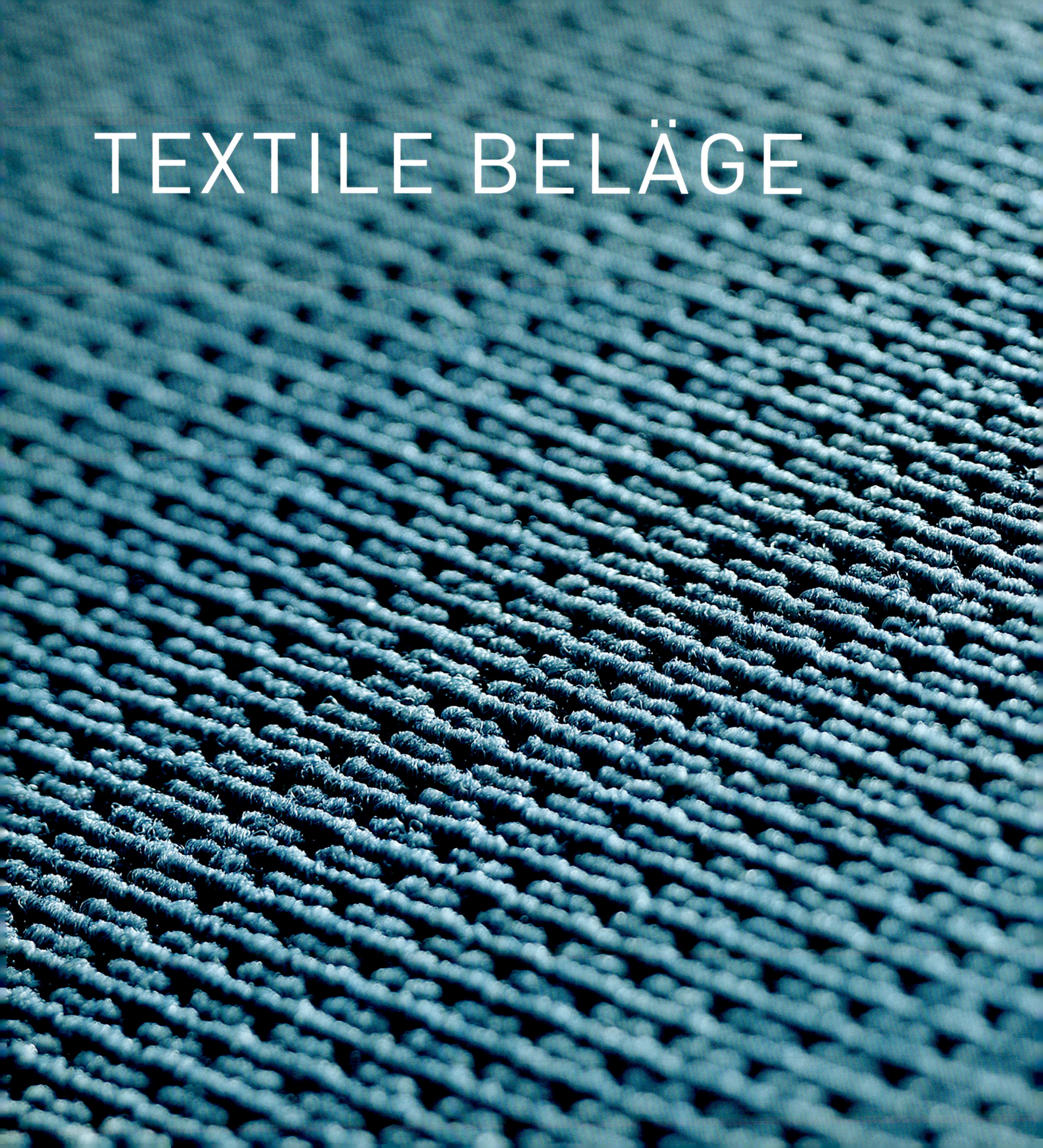

Angenehm zu begehen, fußwarm und schallschluckend, eignen sie sich auch mal als Sofaersatz und sind in vielen verschiedenen Designs sowie Oberflächenarten erhältlich.

Über Jahrzehnte war **Teppichboden** das meistverkaufte Bodenmaterial in Deutschland. Auch wenn es den ersten Platz inzwischen an den Mitbewerber Holz abgeben musste, ist es nach wie vor sehr beliebt.

Die Nutzschicht von Teppichböden und Teppichen, Pol oder Flor genannt, besteht meist aus synthetischen Fasern. Besonders verbreitet sind Polyamid-Fasern (PA); Polyester (PES) verfügt über hohe Abriebfestigkeit, während bei billigen Teppichen das wenig strapazierfähige Polypropylen (PP) verwendet wird. Polyacryl-Fasern (PAC) ähneln der Schafswolle, aus der ebenfalls Teppichböden hergestellt werden. Qualitätvolle echte Wollbeläge weisen eine Dichte von mindestens 1 Kilogramm »reiner Schurwolle« auf. Sie wird aus der Schur lebender Schafe gewonnen, während »reine Wolle« aus der Wolle toter Tiere und aus Wollabfällen bestehen darf. Wolle gehört zur Gruppe der Naturfasern. Diese verfügen über die Fähigkeit, zu hohe Raumluftfeuchte vorübergehend aufzunehmen und so das Raumklima positiv zu beeinflussen. Zu den Naturfasern zählen auch die wenig beanspruchungsresistenten Materialien Baumwolle und Zellstofffaser. Sehr strapazierfähig sind hingegen Kokos- und Sisalfasern. Deren Nachteil ist eine hohe Empfindlichkeit gegenüber Feuchtigkeit.

Für die Qualität eines Teppichbodens von Bedeutung ist die Faserdichte der Nutzschicht, weniger deren Höhe. Auch die Art des Flors sagt nichts über die Qualität des Teppichs aus. Unterschieden werden Schlingenflor, bei dem die Oberseite aus geschlossenen Schlingen besteht, Schnittflor (Velours), dessen Schlingen aufgeschnitten sind, sodass eine samtartige Oberfläche entsteht, und Schnittschlinge, eine Kombination, die reliefartige Strukturen ermöglicht.

Neunzig Prozent aller Teppiche werden im Tuftingverfahren produziert, das heißt, die Fasern werden in eine Trägerschicht eingenäht. Als unterste Schicht wird der Teppichrücken aufgebracht, der aus Textilgewebe oder Schaumkunststoff bestehen kann. Schaumrücken bieten zwar höheren Gehkomfort und bessere Dämmeigenschaften, sind aber in Hinblick auf mögliche Ausgasungen und Alterungsbeständigkeit kritisch zu sehen. Zudem lassen sich Komfort und Dämmung eines Textilrückens durch Unterlage einer Wollfilzmatte verbessern. Besonders hochwertige Teppiche hingegen werden herkömmlich gewebt, teilweise von Hand. Maschinell gewebt werden auch einfache textile Bodenmaterialien wie kleine Teppiche.

Für Teppichböden wird mit einer Reihe von Siegeln und Prädikaten geworben, die oft nur Marketingzwecken dienen, ohne eine nachprüfbare Aussage zu enthalten. Achten sollte man hingegen auf das »Teppich-Siegel« der Europäischen Teppichgemeinschaft (ETG e.V.). Dieses gibt detailliert Auskunft über die von unabhängigen Stellen ermittelten Eigenschaften eines Teppichs. Es informiert über das Material der Nutzschicht, den Komfortwert und die Beanspruchbarkeit. Darüber hinaus nennt es empfohlene Einsatzbereiche und Zusatzeignungen, beispielsweise die Befahrbarkeit mit Stuhlrollen oder die Verlegbarkeit auf Fußbodenheizung. Voraussetzung für die Vergabe des Teppichsiegels ist das Signet »Teppichboden schadstoffgeprüft« der Gemeinschaft umweltfreundlicher Teppichboden (GuT). Es steht für umweltschonende Produktion und das Nichtvorhandensein von Schadstoffen wie Asbest, FCKW, Formaldehyd oder Pestiziden. Wie bei Laminatböden bedeutet »schadstofffrei« auch hier, dass bestimmte Stoffe in sehr geringen Mengen sehr wohl enthalten sein dürfen – und somit an die Raumluft abgegeben werden können.

Insbesondere die Rückenschicht oder eine eventuelle Zwischenschicht können zudem geruchlich penetrante, wenngleich mehr oder weniger unschädliche Substanzen aufweisen. Oft sind auch Weichmacher enthalten, die nach Einschätzung des Umweltbundesamts zwar weitgehend unschädlich sind, jedoch insbesondere bei Kindern zu Reizungen der Atemwege führen können. Selbst vermeintlich gesunde, weil aus Naturmaterialien bestehende Böden können mit Schadstoffen belastet sein, etwa mit Insektiziden. Andererseits kann Schafwolle Schadstoffe wie Formaldehyd binden und katalytisch unschädlich machen.Führt ein Teppich länger als zehn Wochen nach Verlegen zu Geruchsbelästigungen, kann man ihn als Kunde reklamieren und im Streitfall eine Prüfung beim Textiles & Flooring Institute (TFI) in Aachen vornehmen lassen. Bestätigt das TFI einen Mangel, ist diese Prüfung kostenfrei. Ein seriöser Händler wird den Teppich aufgrund dieser Expertise zurücknehmen.

Erhältlich sind textile Beläge als klassisch konfektionierte, lose auf einen anderen Boden aufzulegende Teppiche sowie als Rollenware oder Fliesen zur Herstellung eines durchgehenden Belags.

Gestalterisch bieten textile Beläge ein schier unbegrenztes Spektrum an Farben und Mustern. Bei durchgängig verlegten Teppichböden tut man auch hier gut daran, sich für optisch ruhige, wenn nicht gar unifarbene Varianten zu entscheiden. Lose aufliegende, nur einen Teil des Raums einnehmende Teppiche dürfen dagegen Akzente setzen. Sie lassen sich mit allen anderen, fest verlegten Bodenbelägen kombinieren und können durch kontrastierende Eigenschaften das Raumambiente abrunden. Dies gilt gleichermaßen für optische wie haptische Aspekte, etwa bei der Verbindung eines harten, kühlen Fliesenbelags mit einem weichen, fußwarmen Teppich.

VORTEILE

- sehr große Auswahl an Designs: unifarben, abstrakte oder gegenständliche Muster
- oft gutes Preis-Leistungs-Verhältnis, teilweise kostengünstig
- lässt sich zum Teil in Eigenleistung verlegen
- meist für Fußbodenheizung geeignet
- »warm« und oft »lebendig« wirkendes Material, auch haptisch angenehm
- schallschluckend
- bei Naturfasern gute Ökobilanz

NACHTEILE

- tiefgehende Reinigung aufwendig
- nicht für Feuchträume geeignet
- Feuchteeinwirkung kann bei einigen textilen Böden bleibende optische Mängel hinterlassen
- bei geschäumtem Rücken nahezu dampfdiffusionsdicht (insbesondere bei Altbausanierungen von Bedeutung)
- stellenweise Ausbesserungen nur bei sehr kleinen Schäden möglich
- teilweise schlechte Ökobilanz bei Kunstfasern oder synthetischen Rücken

1

2

TEPPICHBÖDEN

> wie Waldboden im Wohnraum

Sogar »Gefühle ausdrücken« können Teppiche: Dieses von Hand getuftete Modell ist in einer Positiv- und einer Negativvariante erhältlich (1). Der hier gezeigte Teppich »beklagt« sich etwa: »Es fühlt sich an, als ob jemand über mich läuft.« Völlig »unemotional« gibt sich dagegen der handgewebte Wollteppich im klassischen Schachbrettmuster (2). Seit jeher sind florale Motive, häufig in abstrakter Form, für Teppiche sehr beliebt (3, 4). Im Unterschied zu anderen mit Blumenmuster bedruckten Böden mit starrer Oberfläche wirken sie hier durch die Beweglichkeit und Schattierungen des Flors besonders lebendig, umso mehr, je langfloriger ein Teppich ist. Durch die Abstraktion wirken Blumenmotive weniger intensiv als bei realistischer Darstellung. Hersteller: Kasthall

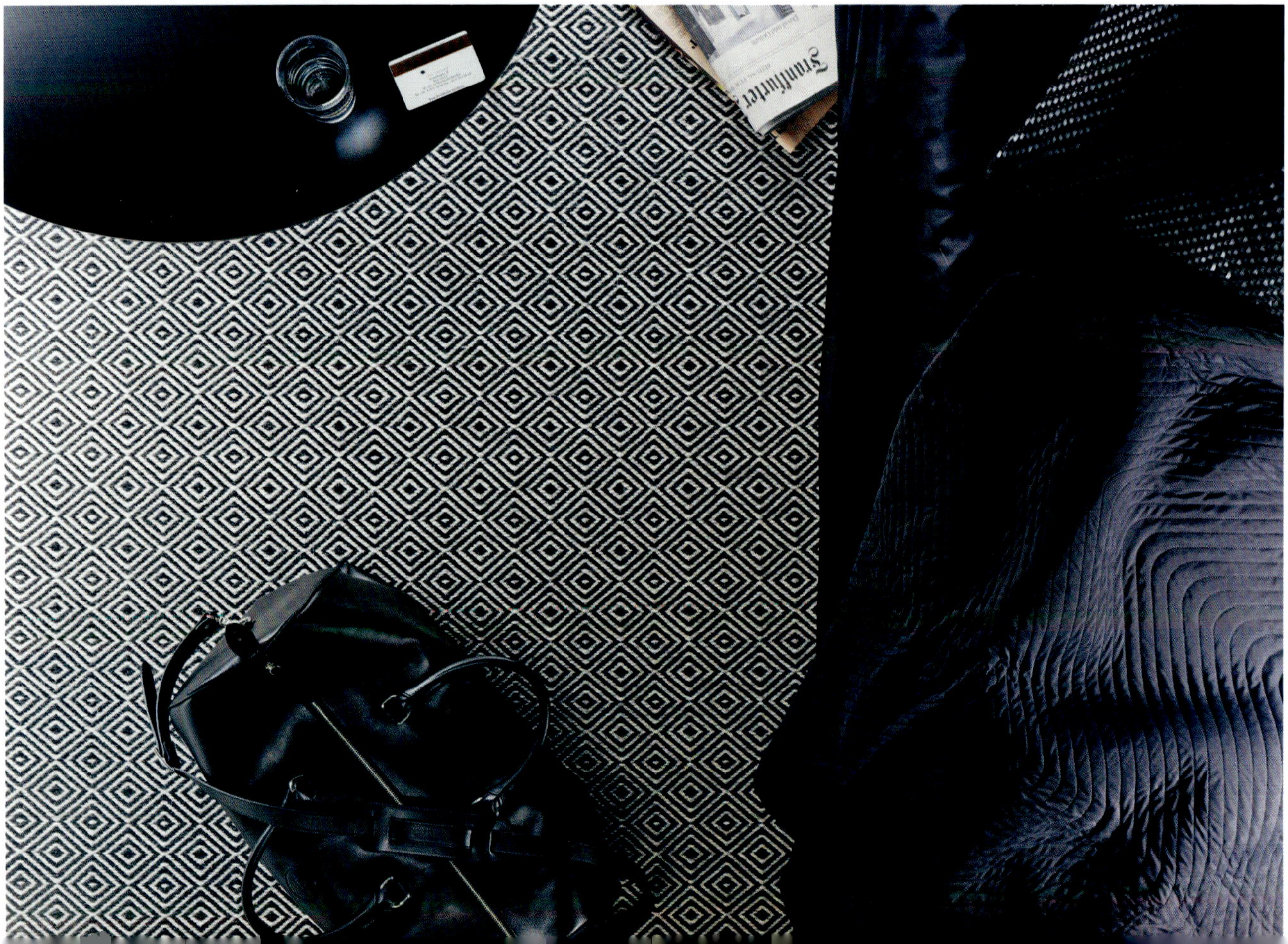
Frankfurter

Unifarben ist nicht gleich unifarben, dies gilt bei Teppichen in besonderem Maße: Durch ihre mehr oder weniger dreidimensionale Struktur, zusammengesetzt aus einer Vielzahl von Fäden, bieten Teppichböden ein je nach Herstellungsverfahren und Florlänge variierendes natürliches Flirren. Hervorgerufen wird dieser Effekt beispielsweise durch eingewebte feine weiße Fäden, durch den Schattenwurf des Flors oder seine unregelmäßige Lichtbrechung.

Hersteller: Kasthall

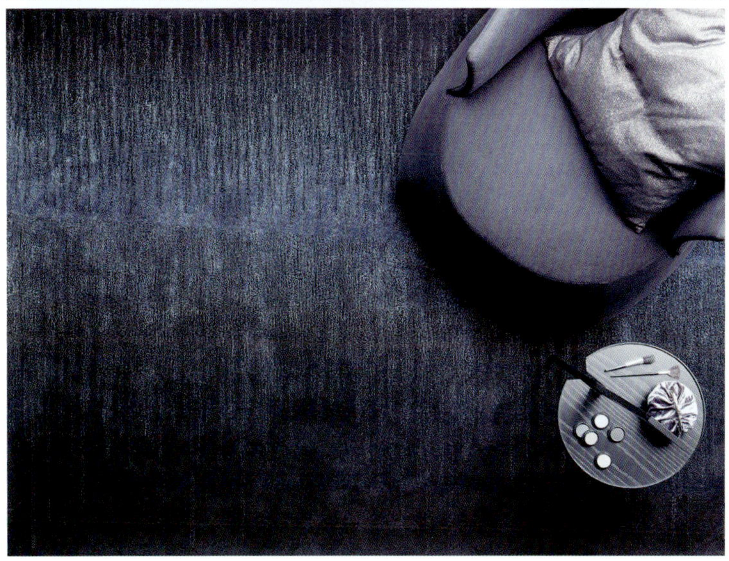

Durch Verwendung unterschiedlicher Materialien – und seien es nur, wie hier, unterschiedliche Wollsorten – lassen sich besonders gut reliefartige Oberflächentexturen herausarbeiten (3).

Neben den klassischen Materialien wie Wolle und Leinen oder künstlichen Polyesterfasern lassen sich Teppiche auch aus Pflanzenfasern weben. Besonders beliebt ist Sisal (2).

Die Höhe des Flors entscheidet ganz wesentlich darüber, wie intensiv man einen Teppich wahrnimmt: Während einem sehr kurzen Flor (5) kaum bewusst Beachtung geschenkt wird, umschmeichelt ein sehr hoher Flor, wie bei dem hier abgebildeten, 40 Millimeter hohen Leinenteppich (4), die Füße – ein haptisches Erlebnis, dem man sich kaum entziehen kann (1).

Zwei ähnliche Farbkombinationen, unterschiedlich vermischt: Während einmal verschiedene Brauntöne mit Weiß und Schwarz als unifarbene Streifen nebeneinander angeordnet sind (7), sind sie in dem anderen Fall fein verwoben (6). Obwohl das enger durchmischte Muster das größere Flirren aufweist, ist es doch die dezentere Variante. Es bietet dem Auge nicht so harte Kontraste und eine homogen durchlaufende Fläche.

Hersteller: Object Carpet (1), Kasthall (2, 4–7), Ruckstuhl (3)
Architekten: philipparchitekten (1)

2

3

4

5

7

1

2

3

Bei keinem anderen Bodenmaterial werden so selbstverständlich so vielfältige Muster realisiert wie bei Teppichen und Teppichböden. Auch in gedeckten Farben können diese so lebendig oder auch unruhig wirken, dass sie sich nur für wenige Räume eignen – selbst wenn sie wie hier eine hohe künstlerische Qualität aufweisen (2, 3). Trotz roter Farbtupfer deutlich dezenter, frisch, leicht und unaufdringlich wirkt dieser Teppichboden, in den ein filigranes Blumenmuster eingetuftet ist (1).

Durch Neuerfindung der klassischen Teppichfliese entstand eine Art Modulsystem, bei dem durch beliebige Zusammenstellung rautenförmiger Fliesen an den jeweiligen Raum angepasste Teppiche in beliebigem Format entstehen (4).

Auch aus in Streifen geschnittenen alten T-Shirts lassen sich farbenfrohe Teppiche kreieren. Jede der kreisrunden Scheiben ist ein Unikat (5, 6).

Hersteller: Kasthall (1–3), Vorwerk (4), Lumikello (5, 6)

TEPPICHE

> flexibel und fußwarm

1

2

Auf andere Bodenbeläge aufgelegte Teppiche können Inseln im Raum definieren und in größeren Räumen kleinere, intimere Zonen schaffen. Weicher und fußwärmer als alle anderen Bodenbeläge, setzen sie sich nicht nur farblich ab: Für das Erleben eines Raums ist es von großer Bedeutung, in welchem Maße dieser Kontrast optisch und in welchem Maße er haptisch ist. So gehen der kühle, glatte Spachtelboden und der hochflorige, dichte Wollteppich farblich nahezu ineinander über (1), während sich das aus Segmenten alter Teppiche neu zusammengefügte Exemplar insbesondere gestalterisch von einem ähnlichen Unterboden absetzt (2). Haptisch wird es aufgrund seiner geringen Dicke dagegen deutlich weniger wahrgenommen.

Zwei cremefarbene Teppiche auf Holzfußboden (3, 4): Während in einem Fall die beiden Sofas deutlich auf dem Teppich stehen und damit umso mehr ein »Raum im Raum« entsteht (4), liegt die flauschige Hochflorbrücke nur als eine Art Fußwärmer zwischen den Sofas (3). Aufgrund der kleineren Grundfläche des Raums war dies hier die bessere Lösung.

Hersteller: b.i.c. Carpets (1), kymo (2), Co-Design (3), Van Besouw (4), Architekten: philipparchitekten (3), HPA+ (4)

3

4

Der Ausgangsstoff für diesen neuartigen Bodenbelag ist der gleiche wie der für PVC-Böden: Vinyl, hier mit einer zehnprozentigen Polyesterbeimischung. Daraus entsteht ein gewebter Bodenbelag, der bahnenförmig und als Fliese erhältlich ist. Die Nahtstellen werden nahezu unsichtbar verschweißt. Gestalterisch bietet das Material unzählige Möglichkeiten, ähnlich klassisch gewebten Teppichen. Es ist robust, pflegeleicht und trotz Webstruktur nicht wasserdurchlässig. Allerdings eignet es sich nicht für Räume mit Fußbodenheizung und ist beim Barfußbegehen eher kühl und unangenehm. Entwickelt wurde es für hochstrapazierte Flächen, etwa in Büros oder Hotels. Im Bereich Wohnen passt es etwa in moderne, puristische Räume. Hersteller: Bolon

GEWEBTES VINYL

> puristisch und robust

ELASTISCHE BELÄGE

Linoleum: der Klassiker. Vinyl: die preisgünstige Alternative. Kork: ein nachwachsendes Material – drei elastische Bodenbeläge, angenehm zu begehen und unifarben ebenso erhältlich wie bunt gemustert.

Auf eine Tradition von eineinhalb Jahrhunderten kann Linoleum verweisen. In den 1950er-Jahren wurde es allerdings weitgehend durch PVC verdrängt. Nachdem das PVC in seiner früheren Form aufgrund der umweltschädlichen Produktion und Entsorgung sowie aufgrund seines Schadstoffgehalts in die Kritik geriet, erfuhr das Linoleum eine Renaissance. Es ist zwar teurer, dafür aber langlebiger sowie optisch ästhetischer und haptisch angenehmer. Wurde das Material früher nur unifarben-changierend angeboten, gibt es inzwischen eine vielfältige Auswahl an Mustern – wobei eine der Stärken des Materials eigentlich gerade darin liegt, auch große Räume durch einen farblich einheitlichen, fugenlosen Boden ruhig wirken zu lassen.

Klassisches **Linoleum** wird ausschließlich aus Naturprodukten wie Kork, Holzmehl, Kalkstein, Harz und Leinöl hergestellt, als Trägermaterial dient meist Jutegewebe. Seine Beanspruchbarkeit ist grundsätzlich hoch. Sie ist vor allem von der Materialstärke abhängig, mindestens 2,5 Millimeter sind empfehlenswert, besser sind 3,2 Millimeter. Linoleum wird wie Laminat gemäß der europäischen Norm DIN EN 13329 überprüft und gekennzeichnet.

Als Bahnenware muss Linoleum vollflächig auf dem Untergrund verklebt und an seinen Stößen verschweißt werden. Hierdurch ist es pflegeleicht und auch gegen vorübergehende Feuchteeinwirkung unempfindlich, allerdings muss die Oberfläche regelmäßig geölt werden. Für Heimwerker ist die Verlegung von Bahnenware nicht geeignet. Die Hersteller haben hierauf reagiert und bieten inzwischen im Klick-System zu verlegende Paneele an, deren Aufbau dem Laminat und Mehrschichtparkett ähnelt.

Von einer Renaissance kann man auch beim **PVC** (Poly-Vinyl-Chlorid) sprechen, das inzwischen meist unter dem unbelasteten Begriff **Vinylboden** angeboten wird. Doch nicht nur der Name hat sich geändert, auch die Zusammensetzung: Früher gebräuchliche, asbesthaltige Trägermaterialien werden heute schon aufgrund des Asbestverbots nicht mehr verwendet. Erhältlich sind homogene PVC-Böden sowie heterogene, die aus einer Tragschicht und einer Nutzschicht zusammengesetzt werden. Diese beiden Materialien werden meist im gewerblichen Bereich oder etwa in Krankenhäusern eingesetzt, wo es auf größtmögliche Robustheit und einfachste Pflege und Reinigung ankommt. Für Wohnräume findet meist Vinyl mit einer geschäumten, weicheren Oberfläche Verwendung, das größeren Gehkomfort und besseren Trittschallschutz bietet.

War PVC früher meist in tristen Tönen gehalten, ist es heute in etlichen Farben und Mustern sowie als Holz- oder Fliesenimitat erhältlich. Als gleichwertiger Ersatz für andere Materialien kann Vinyl allerdings nach wie vor nicht gelten: Zum einen können gerade geschäumte Vinyle Weichmacher an die Raumluft abgeben, die insbesondere bei Kindern zu Reizungen der Atemwege führen können. Zum anderen ist PVC hinsichtlich seines erdölbasierten Rohstoffs, seiner energieaufwendigen Herstellung und seiner Entsorgung als Sondermüll ökologisch nachteilig. Seine Berechtigung als strapazierfähiger, feuchteunempfindlicher und preisgünstiger Bodenbelag, der nebenbei einfach zu verlegen ist, soll dem Material nicht abgesprochen werden – doch abgesehen von Küchen, Bädern und Eingangsbereichen sollte man im Wohnbereich überlegen, das kaum teurere Laminat vorzuziehen.

Den größten Volumenanteil am Linoleum hat **Kork**. Das Material aus der Rinde der Korkeiche wird in Reinform seit den 1970er-Jahren ebenfalls gern als Bodenbelag verwendet, ursprünglich ausschließlich in Form von Platten in typisch brauner Naturfarbe, die vollflächig verklebt werden. Korkböden wirken feuchteausgleichend auf das Raumklima, sind leicht federnd sowie fußwarm und somit sehr angenehm zu begehen – allerdings sind sie schmutzempfindlich und aufwendig in der Pflege.

Kork wird als reine Bahnenware verkauft oder alternativ nach dem gleichen Prinzip wie Mehrschichtparkett und Laminat auf Paneele gezogen. Es kann in Eigenleistung verlegt und anschließend dick versiegelt werden, wodurch es pflegeleichter wird. Sogar bedruckt gibt es Kork-Paneelböden inzwischen, sei es mit abstrakten Mustern oder ebenfalls mit täuschend echt wirkenden Imitaten anderer Böden wie Holz oder Steinzeugfliesen. Im Grunde handelt es sich hierbei also um einen Laminatboden, bei dem das Dekorpapier durch eine dünne Korkschicht ersetzt wird – die positiven Eigenschaften von Kork kommen hierbei aber nicht zur Wirkung! Freilich klingt es edler, einen »Korkboden« in seinen Wohnräumen liegen zu haben als ein Laminat – technische oder raumklimatische Vorteile sollte man allerdings nicht erwarten.

VORTEILE

- sehr große Auswahl an Designs: unifarben, abstrakte Muster, Imitate anderer Böden
- gutes Preis-Leistungs-Verhältnis, teilweise kostengünstig (Vinyl)
- Fertiglinoleum und -kork, Vinyl:
  lässt sich teilweise in Eigenleistung verlegen
- teilweise für Fußbodenheizung geeignet
- warm und lebendig wirkendes Material, auch haptisch angenehm (Linoleum, Kork)
- pflegeleicht
- widerstandsfähig und langlebig
- für Feuchträume geeignet (nur Vinyl!)
- gute Ökobilanz (nur Linoleum und Kork ohne Trägerplatte!)

NACHTEILE

- Linoleum- und Korkbahnenware: Verlegen nur durch Fachleute möglich
- nur feuchtebeständig, wenn rasche Trocknung möglich
- Feuchteeinwirkung kann bei einigen Linoleum- und Korkböden bleibende optische Mängel hinterlassen
- nicht für Feuchträume geeignet (außer Vinyl)
- nahezu dampfdiffusionsdicht (insbesondere bei Altbausanierungen von Bedeutung)
- eher kühl wirkende, »künstliche« Haptik (nur Vinyl)
- stellenweise Ausbesserungen nur bei sehr kleinen Schäden möglich, bei Vinyl gar nicht
- sehr schlechte Ökobilanz bei Vinyl, mittelmäßige bei Linoleum oder Kork auf Trägerplatten

1

2

3

4

LINOLEUM

> natürlich und langlebig

Lange nahezu vom Markt verschwunden, erlebt Linoleum heute eine Renaissance. Das hat gute Gründe, bietet das Material doch viele Vorzüge in ästhetischer, funktionaler und ökologischer Hinsicht. Namensgebender Bestandteil ist Leinöl, das mit Korkmehlkalk und Harzen vermischt wird, als Rückenmaterial dient meist Jutegewebe – allesamt nachwachsende Rohstoffe, die einen fußwarmen, leicht federnden Belag ergeben, der in Bahnen oder Fliesen verlegt werden kann. So sind freie Farbkombinationen und raumgestaltende Muster möglich. In gestalterischer Hinsicht kann ein Linoleumboden an nahezu jeden anderen Belag anschließen. Besonders harmonisch ist jedoch eine Kombination mit Holz, auch aufgrund des ähnlichen Auftrittgefühls. Linoleum ist eins der langlebigsten Bodenmaterialien, allerdings nicht sehr kratzfest.

Hersteller: Forbo (1–3), Armstrong DLW (4)

1

2

3

4

RAUMBEISPIELE

> Wohnräume

Auch bedruckte Linoleumböden werden angeboten (1, 2), beispielsweise in Holzoptik. Im Unterschied zu holzimitierenden Laminat- oder Vinylböden ähnelt Linoleum dem Holz hinsichtlich Trittgefühl und Natürlichkeit der Rohstoffe. Bei der Vielzahl an Möglichkeiten vergisst man leicht, wie ästhetisch Linoleum sein kann, wenn es durchgängig unifarben verlegt wird: ob schwarz oder weiß, pastellfarben oder kräftig, verleiht das Material Räumen elegante Großzügigkeit und harmonische Ruhe.

Hersteller: Forbo

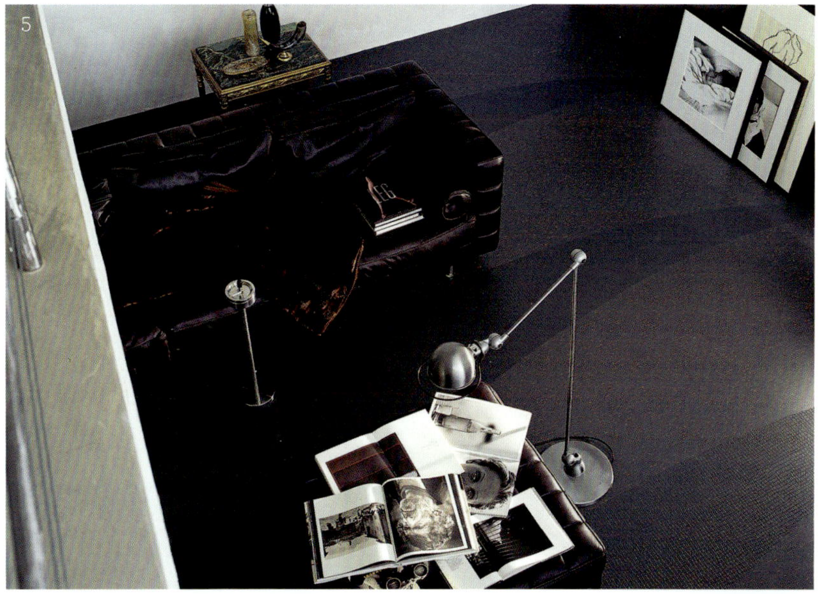

> Küchen

Ob unifarben, lebhaft-bunt oder neutral, kleine oder große Muster oder eingelassene Ornamente: Linoleum bietet unzählige Gestaltungsmöglichkeiten. Traditionell ist seine Oberfläche eben, dabei dennoch rutschfest, aber auch reliefartige Strukturoberflächen sind lieferbar (6). Wird das Material wie hier in Küchen verlegt, müssen die Nähte zwischen den Platten oder Bahnen besonders sorgfältig verschweißt werden. Eindringendes Wasser kann ansonsten Schäden verursachen.

Hersteller: Forbo (1–3, 5, 6), MeisterWerke (4)

3

4

5

6

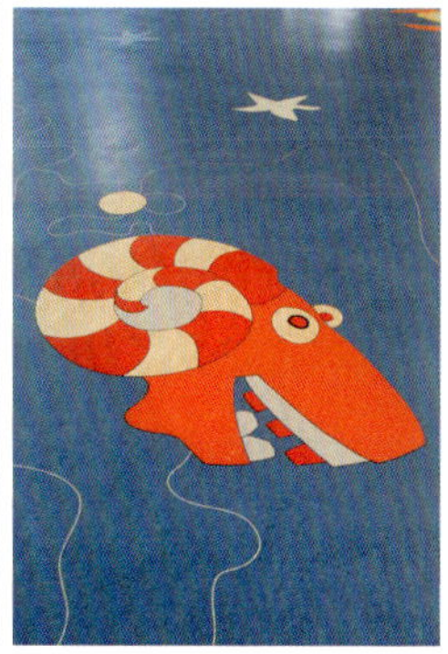

> Schlaf- und Kinderzimmer

Fußwarm und beim Auftritt leicht elastisch, ist Linoleum bestens geeignet für Schlaf- und Kinderzimmer. Auch hier bieten sich zahlreiche Möglichkeiten, das Raumambiente der Nutzung entsprechend zu beeinflussen: sei es die harmonische Gestaltung des Schlafzimmers mit gedeckten Farben in ruhigen Mustern oder die bunte Lebendigkeit im Kinderzimmer. Das Spektrum des Machbaren geht bis zu Bodengemälden, die aus freien Formen zusammengesetzt werden. Ein großer Vorteil des Materials, gerade in Schlafräumen: Es ist antistatisch und somit für Allergiker geeignet.

Hersteller: Forbo

VINYL

> preiswert und vielseitig

Einst verdrängten die PVC-Böden das Linoleum vom Markt, dann gerieten sie als gesundheitsgefährdend in Verruf, nun kehren sie mit geänderter Zusammensetzung als Vinylböden zurück. Sie eignen sich prinzipiell als kostengünstiger Belag für jeden Wohnraum und sind in einer Vielzahl an Mustern und Farben erhältlich, mal sachlich, mal ornamental verspielt.

Hersteller: Novillon

Manche Farben und Muster treten reliefartig hervor und wirken somit leicht dreidimensional. Andere imitieren Holz- oder Keramikböden. Aufgelegte Teppiche sorgen für ein natürliches, warmes Barfußgefühl, das die Kunststoffoberfläche eines Vinylbodens nicht bieten kann. Vinyl ist langlebig und strapazierfähig, neigt jedoch dazu, nach 10 bis 15 Jahren abgenutzt zu wirken. Hersteller: Novillon

Vinylböden lassen sich inzwischen mit fotografisch reproduzierten Mustern bedrucken und bieten dann beispielsweise eine auf den ersten Blick täuschend echte Holzoptik. So lassen sich kostengünstig auch die Maserungen ungewöhnlicher, teurer Hölzer imitieren, allerdings sind Gehgefühl, Haptik und Abnutzungsverhalten von Holz und Vinyl grundverschieden. Hersteller: Pergo

1

2

KORK

> Boden aus Baumrinde

Kork, gewonnen aus der Rinde der Korkeiche, verfügt von Natur aus über eine sehr markante Optik. Als Bodenbelag war er daher lange Zeit ein Nischenprodukt für besonders ökologisch orientierte Bauherren. Heute sind auch Korkböden in unzähligen Farben und mit vielen Mustern bedruckt lieferbar und werden als universell einsetzbare, natürliche Alternative zu Vinyl oder Laminat angeboten. Dabei sind sowohl abstrakte Farbgestaltungen möglich (3, 4) wie auch allerlei Imitationen – hier etwa die eines Natursteinbodens (1). Doch auch die unbedruckte Korkoptik ist nach wie vor erhältlich (2). Hersteller: Naturo Kork (1), MeisterWerke (2), Forbo (3, 4)

3

4

SICHTESTRICHE UND BESCHICHTUNGEN

Als Estrich bezeichnet man üblicherweise einen Untergrund für den eigentlichen Bodenbelag. Doch werden Estriche inzwischen gern auch selbst als Fußböden in Wohnräumen eingesetzt.

Die Estriche werden hierzu geschliffen und poliert oder mit einer dünnen Beschichtung versehen. Viele dieser Beschichtungen sehen einer unbeschichteten Estrichoberfläche ähnlich, und so hat sich für die gesamte Gruppe derartiger Böden der Begriff **Sichtestrich** eingebürgert. Aufgrund der Herkunft vieler dieser Böden ist auch die Bezeichnung **Industriefußboden** gebräuchlich.

Doch so ähnlich sich die unterschiedlichen Estrichböden optisch oft sind, technisch gibt es Unterschiede: Unbeschichtet belassen werden können nur die relativ teuren **Zementestriche**. Nach Schleifen und Polieren wirken sie sehr monolithisch und harmonisch ruhig. Sie sind langlebig, allerdings muss mit der Bildung feinster Risse und leichtem Abkreiden gerechnet werden. Um dies zu vermeiden, kann eine zementäre Beschichtung oder auch Zementspachtelung aufgetragen werden, durch die sich nebenbei ein gleichmäßigeres Erscheinungsbild erzielen lässt. Dieses kann sowohl noch gleichmäßiger, aber auch lebendiger als beim unbeschichteten Estrich ausfallen.

Eine dem unbeschichteten Estrich ähnliche Oberfläche, einschließlich des Changierens, lässt sich auch durch eine **Epoxidharzbeschichtung** herstellen. Doch dieses Kunstharz bietet weitere Möglichkeiten. Es ist in vielen Farben erhältlich, die wahlweise auch sehr homogen eingestellt werden können. In durchsichtige Varianten lassen sich sogar sehr flache Gegenstände eingießen. Allerdings werden die UV-Licht-empfindlichen Kunstharzböden mit einer Schutzschicht versehen, die man regelmäßig erneuern muss.

Pflegeleichter, gestalterisch noch vielfältiger, aber auch teurer als Kunstharzbeschichtungen sind **Polyurethanbeschichtungen** – einst insbesondere in Grautönen im industriellen Bereich beliebt. Polyurethan wird in mehreren Lagen aufgetragen. Es ist härter und dennoch elastischer als Epoxidharz. Dadurch überbrückt es Risse besser und ist außerdem resistenter gegen mechanische Belastung. Es ist glattflächig und sehr leicht zu pflegen, je nach Beanspruchung ist nach fünf bis zehn Jahren der Auftrag einer neuen Oberflächenschicht nötig. Mit dem Material lassen sich farbig vollkommen einheitliche Böden herstellen, ebenso wie allerlei Muster durch Aneinanderfügen unterschiedlich farbiger Bereiche. Auch regelrechte Bodengemälde sind mit Polyurethanbeschichtungen realisierbar. Dies lässt sich nicht nur zur ornamentalen Gestaltung nutzen, sondern auch zur Zonierung von Räumen.

Beschichtete Estriche können bei Verzicht auf gestalterisch aufwendige Ausführungen deutlich kostengünstiger ausfallen als unbeschichtete Zement-Sichtestriche, da unter Beschichtungen auch die kostengünstigeren Anhydrit-Estriche Verwendung finden können. Während Estriche mit Schwindfugen ausgeführt werden müssen, können Beschichtungen fugenlos selbst über mehrere Räume hinweg aufgebracht werden. Wie auch die unbehandelten Estriche eignen sie sich besonders gut für Fußbodenheizungen.

Eine Sonderstellung unter den Sichtestrichen nehmen die **Kalkböden** ein. Sie galten früher als primitiv, bestehen sie doch überwiegend aus Ziegelresten, die durch Kalk gebunden werden. Hieraus entsteht in einer gröberen und einer feineren Lage ein Sichtestrich, der anschließend glattgeschliffen und geölt wird – ein aufwendiger Arbeitsprozess. Wohl auch deshalb und aufgrund seiner ausschließlich natürlichen Komponenten gilt dieser wiederentdeckte historische Boden inzwischen als besonders edel. Mit seiner creme- bis erdfarbenen Tönung sorgt er für ein warmes Ambiente, durch seine Eigenschaft, Wasserdampf vorübergehend aufnehmen und später wieder abgeben zu können, wirkt er ausgleichend auf das Raumklima. Inzwischen gibt es auch Kalkböden, bei denen Silikon ein wesentlicher Bestandteil ist und deren Oberfläche mit Silikatfarbe gestrichen wird. Diese Böden sind in Materialität und Optik weniger natürlich, dafür ist die Oberfläche deutlich glatter und die Farbgebung gleichmäßiger.

Alle unbeschichteten und beschichteten Estriche sind auch bestens für Feuchträume geeignet. Bei Epoxidharzbeschichtungen sollte allerdings auf Wasserbeständigkeit des UV-Schutzes geachtet werden.

VORTEILE

- nach Wunsch eher warm oder kühl wirkendes Material
- sehr pflegeleicht
- sehr widerstandsfähig und langlebig
- Beschädigung kaum möglich, gegebenenfalls stellenweise auszubessern
- für Fußbodenheizung geeignet
- für Feuchträume geeignet
- gute Ökobilanz durch geringen Material- und Energieeinsatz zusätzlich zum Estrich

NACHTEILE

- Herstellung nur durch Fachleute möglich
- teilweise sehr kostenintensiv
- Feuchteeinwirkung kann bei einigen Beschichtungen bleibende optische Mängel hinterlassen
- durch harte Oberfläche negative Auswirkungen auf die Raumakustik möglich

KUNSTHARZESTRICH

> fugenlos und homogen

Eine besonders gleichmäßige Farbigkeit ermöglichen Estrichbeschichtungen mit Epoxidharz. Das Material ist in vielen Tönen erhältlich, und sogar flache Gegenstände lassen sich auf künstlerische Weise mit eingießen. Besonders beliebt sind derzeit Grautöne, die an beschichteten Estrich erinnern. Wird dann noch das Changieren eines polierten Zementestrichs nachgeahmt, lässt sich eine Kunstharzbeschichtung optisch kaum von einem solchen unterscheiden. Allerdings werden Kunstharzböden mit einer Schutzschicht versehen, die man regelmäßig erneuern muss. Das Material ist in allen Räumen eines Wohnhauses einsetzbar, auch in Feuchträumen.

Hersteller: Floor Concepts

POLYURETHAN-BESCHICHTUNGEN

> grenzenlose Gestaltungsfreiheit

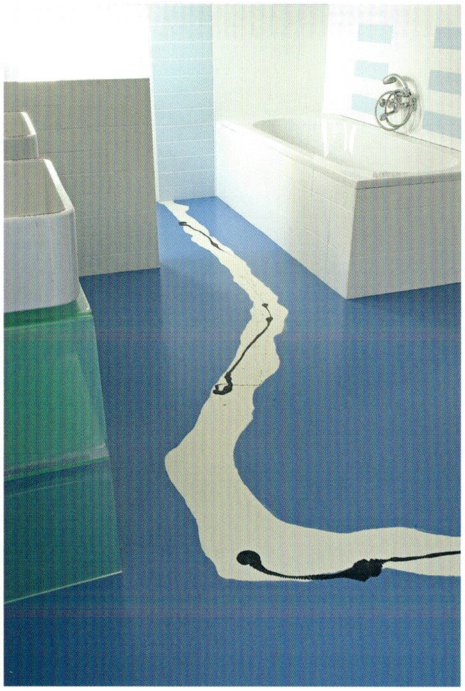

Eine nahezu unbegrenzte Vielfalt an Gestaltungsmöglichkeiten bieten Bodenbeschichtungen aus Polyurethan. Gleich, ob homogene Farbflächen, Kombinationen aus solchen oder ineinander verwischte Farben: Mit diesem Material ist alles möglich. Polyurethan ist härter und dennoch elastischer als Epoxidharz – allerdings auch teurer. Es ist glattflächig und sehr leicht zu pflegen, je nach Beanspruchung ist nach fünf bis zehn Jahren eine Überarbeitung nötig. Während eine durchgängige Farbgebung Räumen Ruhe und Großzügigkeit verleiht, können Farbkombinationen und die Formgebung einzelner Farbflächen für Spannung und Dynamik sorgen. Abstrakte Farbmuster schaffen ein frisches, lebendiges Ambiente, sind jedoch meist weniger zeitlos und werden situationsbedingt als zu unruhig empfunden.
Auch regelrechte Bodengemälde sind realisierbar. Dies lässt sich nicht nur zur ornamentalen Gestaltung nutzen, sondern auch zur Zonierung von Räumen. So kann beispielsweise bereits außerhalb der Toilette eine abstrakte »Diskretionszone« geschaffen werden. Auch Wegeführungen lassen sich auf diese Weise unaufdringlich umsetzen. Hersteller: BASF

Lange Zeit wurden Polyurethan-Beschichtungen vor allem unter dem Begriff »Industriefußböden« angeboten. In Wohnräumen setzten sie sich mit der zunehmenden Beliebtheit von Sichtestrichen als Alternative zu polierten Zementböden durch. Homogen oder leicht changierend, passen sie hervorragend zu puristischen oder »roh« wirkenden Räumen oder betonen markante Elemente durch ihre eigene Zurückhaltung. Hersteller: BASF

POLIERTER ZEMENTESTRICH

> puristisch und edel

Anstatt eine Beschichtung aufzutragen, kann auch die Oberfläche des Estrichs geschliffen und poliert werden. Dieser monolithische Boden wirkt natürlicher und edler als seine Imitation durch eine Beschichtung, er ist langlebiger, aber auch teurer, nicht zuletzt deshalb, weil unter Beschichtungen auch die kostengünstigeren Anhydrit-Estriche Verwendung finden können. Zum natürlichen Erscheinungsbild gehört allerdings auch die Bildung feinster Risse und leichtes Abkreiden. Eine stärkere Rissbildung kann beispielsweise durch ein auch gestalterisch einsetzbares Fugenraster verhindert werden.

Hersteller: Mortimor (1), Floor Concepts (2, 3, 4)
Architekten: baurman.dürr (1)

1

KALKESTRICH

> natürlich und warm

Einst galten Kalkböden als primitiv, bestehen sie doch überwiegend aus Ziegelresten, die durch Kalk gebunden werden. Wie mancher historische Baustoff wurden sie wiederentdeckt und gelten heute sogar als edle Alternative zu anderen Böden. Die atmosphärische Wärme von Kalkestrich rührt von seiner creme- bis erdfarbenen Tönung her, die Natürlichkeit von den verwendeten Komponenten, einschließlich der oberseitig aufgebrachten Öl- oder Wachsschicht. Alle Abbildungen auf diesen Seiten zeigen solche klassischen Böden. Inzwischen gibt es jedoch auch Kalkböden, bei denen Silikon ein wesentlicher Bestandteil ist und deren Oberfläche mit Silikatfarbe gestrichen wird. Diese Böden sind in Materialität und Optik weniger natürlich, dafür ist ihre Oberfläche deutlich glatter und ihre Farbgebung gleichmäßiger. Kalkestriche sind fugenlos und wirken monolithisch. Hersteller: Tierrafino

1

2

3

RAUMBEISPIELE: SICHTESTRICHE UND BESCHICHTUNGEN

> Wohnräume

Sichtestriche und die aus dem Industriebereich stammenden Beschichtungen sind derzeit für Wohnhäuser mit minimalistisch-reduzierter Architektur besonders beliebt. In sand- oder erdfarbener Tönung und in Kombination mit Hölzern und Textilien eignen sie sich auch bestens als ruhige, neutrale Oberfläche und schaffen eine wärmere, heimeligere Atmosphäre, wie die Wohnräume auf diesen und den folgenden Seiten verdeutlichen.

(1) Sandfarbene Zementspachtelung kombiniert mit Holzfenstern, Holzesstisch und farbenfrohem Gemälde.
(2, 4) Je nach Lichteinfall schimmert die Epoxidharzbeschichtung grau bis dunkelbraun und wirkt gediegen-schlicht.
(3) Der bewusste Verzicht auf jegliches warm wirkende Element gibt diesem Raum mit poliertem Zementestrich eine besonders kühle, ein wenig harte Note.

Hersteller: Pandomo (1), Troglauer (2, 4), Mortimor (3)
Architekten: baurmann.dürr (1, 3), Hans Kneidl (2, 4)

4

1

(1) Der polierte Zementestrich und die Deckenuntersicht aus Birke-Mehrschichtplatten sind ähnlich glattflächig, kontrastieren aber in der Materialität.
(2) Holzskulptur, Stoffsessel, bunte Bücherwand und die Natursteinwand im Außenbereich werden gefasst von der rohen Sichtbetondecke und der hierzu passenden Zementspachtelung des Bodens.
(3) Dieser Ausblick bietet so viele Farben und Strukturen, dass die Zementspachtelung einen angenehm ruhigen Gegenpol bildet.
(4) Hier erhielt die Zementspachtelung eine betont lebhafte Oberfläche.
(5) Die Struktur der wie ein eingestelltes, übergroßes Möbel wirkenden Schrankwand zu den Nebenräumen kommt hier durch die unifarbene Glattflächigkeit von Decke und poliertem Zementestrich zur Geltung.

Hersteller: individuelle Anfertigung (1), Floor ART (2), Pandomo (3), Vögerl (4), Naturhaus (5)
Architekten: kmd Architekten (1), [lu:p] Architektur (2), philipparchitekten (3), Berschneider+Berschneider (4), Annette Bartsch (5)

2

3

4

5

1

> Eingänge und Flure

Die Kombination entscheidet: Sichtestriche in Eingängen und Fluren geben diesen oft eng und unruhig wirkenden Räumen Ruhe und Großzügigkeit, insbesondere wenn der Boden in angrenzenden Räumen weiterläuft. Vertikale Elemente wie Treppen oder Garderoben in Holz gleichen den kühlen Charakter des Bodens aus (2, 3 → zementäre Spachtelung, 6 → rechts flügelgeglätteter Zementestrich), weiße Oberflächen (1 → zementäre Spachtelung) oder ein anschließender Treppenlauf in Sichtbeton (4 → poliert und gewachst) unterstreichen ihn, ein bunter Teppich lockert auf und belebt (5 → zementäre Spachtelung).

Hersteller: Vögerl (1), Pandomo (2, 3, 5), Mortimor (4), Lumikello (Teppich 5)
Architekten: baurmann.dürr (2, 3, 4, 5), Berschneider+Berschneider (1), kmd Architekten (6)

2

3

4

5

6

1

> Bäder

Hervorragend geeignet sind Sichtestriche auch in Bädern. Sie sind feuchteunempfindlich, lassen sich besonders einfach reinigen und im Unterschied zu Fliesenbelägen entfällt die Schwachstelle der Fugen. Kombiniert mit kontrastierendem Holz und Textilien (1 → polierter Zementestrich) wird der erdig-warme Charakter des Sichtestrichs betont, im Zusammenspiel mit kühlen Oberflächen (3 → Zementestrich, poliert und gewachst) entsteht ein puristisches Ambiente.

Sichtestriche lassen sich fugenlos über Raumgrenzen hinweg verlegen, was dem Raumgefüge Großzügigkeit verleiht (2, 4 → zementäre Spachtelung).

Hersteller: Naturhaus (1), Mortimor (2), Vögerl (3, 4)
Architekten: Annette Bartsch (1), baurmann.dürr (2), Berschneider+Berschneider (3, 4)

2

3

4

ANHANG

> Hersteller & Architekten

HERSTELLER

Hinweis zu den Herstellerangaben:
Zu den meisten der in diesem Buch abgebildeten Bodenbeläge wird der Hersteller oder das vertreibende Unternehmen genannt. In einigen Fällen handelt es sich allerdings um Böden, die ein Handwerksunternehmen vor Ort individuell angefertigt hat (Holz, Sichtestrich) oder deren Quelle nicht mehr ermittelbar ist (Fliesen). Diese sind mit »individuelle Anfertigung« gekennzeichnet.
Gerade bei Holzböden bietet es sich an, nicht nur das Sortiment großer Hersteller zu durchstöbern, sondern sich ein individuelles Angebot von ortsansässigen traditionellen Handwerksbetrieben machen zu lassen. Bei flügelgeglätteten Estrichen ist dies sogar unumgänglich.

Holz

Adler Fertigparkett
www.adlerparkett.com

Amonter
www.admonter.at

bambeau
www.bambeau.de

Bauwerk Parkett AG
www.bauwerk.com

Bembé Parkett GmbH
www.bembe.de

Bergland-Parkett
www.bergland-parkett.at

BHK Holz- und Kunststoff
www.bhk.de

Di Legno
www.dilegno.be

Dinesen Floors
www.dinesen.de

DiPro
www.dipro-gbr.de

Durafloor Werner
www.durafloor-werner.de

Parkett Franz
www.franz-parkett.de

Hagensieker
www.progoodwood.de

Hain Naturböden
www.hain.de

HARO
www.haro.de

Hoco
www.hoco-parkett.de

Joka
www.joka.de

Kährs Parkett Deutschland GmbH
www.kahrs.com/de

Listone Giordano
www.listonegiordano.com

mafi Naturholzboden
www.mafi.at

MeisterWerke Schulte
www.meister.com

Naturo Bodenbeläge
www.naturo.de

Oldenburger Parkettwerk
www.opw-parkett.de

OlivenholzParkett.de
www.olivenholz-parkett.de

Parador
www.parador.de

pardec
www.pardec.de

Plyboo
www.plyboo.com

Scheucher Holzindustrie
www.scheucher.at

Tarkett Holding GmbH
www.tarkett-floors.com/de

ter Hürne
www.terhuerne.de

tilo
www.tilo.com

Weiss
www.weiss.at

Laminat

Egger Retail Products
www.egger.com

HARO
www.haro.de

Kronotex
www.kronotex.de

MeisterWerke Schulte
www.meister.com

Parador
www.parador.de

Pergo
www.pergo.com

Quick-Step
www.quick-step.de

Tarkett Holding GmbH
www.tarkett-floors.com/de

ter Hürne
www.terhuerne.de

UPOFLOOR
www.upofloor.fi

Witex
www.witex.com

Stein

Albrecht Braun
www.braun-steine.de

Anröchter Dolomitstein
www.hubert-killing.de

Ardex GmbH
www.ardex.de

Bell Naturstein
www.bell-naturstein.de

Beltrami Natural Stone
www.beltrami.be

Cantera Naturstein
www.cantera.de

Floor Concepts
www.floorconcepts.be

HOEKA/FLEURIT
www.hoeka.nl/Fleurit

Italgraniti
www.italgranitigroup.com

KANN
www.kann.de

Lithon plus Steinmanufaktur
www.lithonplus.de

Lucon Floors
www.lucon.be

Magna Naturstein
www.magnastein.de

Nagel Natursteine
www.nagel-natursteine.de

Neuhoff Natursteinwerk
www.neuhoff.de

Quirrenbach
www.quirrenbach.de

RAVELLO
www.ravello.de

REC Bauelemente
www.rec-berlin.com

Sensitile Systems
www.sensitile.com

SHS Naturstein
www.shs-naturstein.de

SONAT
www.sonat-natursteine.de

Steinwerkstatt
www.diesteinwerkstattweiler.com

Stiegler
www.stiegler.com

Ströhmann Steinkult
www.stroehmann.de

Fliesen

Alcalaten Ceramicas
www.alcalaten.com

Arte Casa
www.armonieartecasa.com

Bisazza Spa
www.bisazza.it

B.LAB Italia s.r.l.
www.blabitalia.com

Casa dolce casa
www.casadolcecasa.com

Chini GmbH
www.chini.de

Cotto Hof
www.cottohof.de

Deutsche Steinzeug AG
www.deutsche-steinzeug.de

Fiandre
www.granitifiandre.it

gold mosaics
www.gold-mosaics.com

Hoba Steel
www.hoba-steel.de

HuH Mosaik
www.huh-mosaik.de

iris Ceramica
www.irisceramica.com

Jasba
www.jasba.de

kerapid Krüger und Schütte
www.kerapid.de

MANUFAKTUR 78
www.manufaktur78.com

Mirage
www.mirage.it

Moma
www.moma-mosaics.be

Mortensen
www.mortensen-fliesen.de
www.appiani.it
www.bardelli.it

MOSAIC del Sur
www.mosaicdelsur.com

Mutina Ceramiche Mutina SRL
www.braun-fehrentz.de
www.mutina.it

Nordceram
www.nordceram.com

porcelains gres
www.porcelainsgres.com

Revigres
www.revigres.com

rex
www.rex-cerart.it

Royal Mosa BV
www.mosa.nl/de

Manufaktur Steinmann
www.steinmann-art.de

Sphinx
www.sphinx.nl

STROEHER
www.stroeher.de

VIA GmbH
www.zementmosaikplatten.de

Villeroy & Boch AG
www.villeroy-boch.com

Vöhringer
www.gustav-voehringer.de

Textile Beläge

Anker Teppichboden
www.anker.eu

APAEB Europa GmbH
www.apaeb-europa.de

Ars Fundi
www.arsfundi.de

b.i.c. Carpets
www.bic-carpets.be

Bolon
www.bolon.com

Carpet Concept
www.Carpet-Concept.de

Co–Design GmbH
www.co-designers.de

Dura
www.dura.de

Findeisen Nadelvlies
www.finett.de

GIRLOON
www.girloon.de

Golze & Söhne GmbH
www.schoener-wohnen-teppiche.de

Heuga Home Flooring
www.heuga.com

HTW Design Carpet
www.htw-designcarpet.de

Interface
www.interfaceflor.eu

Joka
www.joka.de

Kasthall
www.kasthall.com

kymo
www.kymo.de

Lumikello
www.lumikello.de

nordland natur-teppichboden
www.nordland-naturteppich.de

Object Carpet
www.object-carpet.com

Ruckstuhl AG
www.ruckstuhl.com

Südbund
www.suedbund.de

TOUCAN-T
www.toucan-t.de

Tretford Weseler Teppich GmbH
www.tretford.de

Van Besouw
www.besouw.nl

Vorwerk & Co. Teppichwerke
www.vorwerk-teppiche.de

Elastische Beläge

Amorim deutschland
www.amorim.com

Armstrong DLW GmbH
www.armstrong.com

Bolon AB
www.bolon.com/flooring

Egger Retail Products
www.egger.com

Floover Flooring
www.floover.com

Forbo Flooring GmbH
www.forbo-flooring.de

Gerflor
www.gerflor.de

Kymo
www.kymo.de

MeisterWerke Schulte
www.meister.com

Naturo Bodenbeläge
www.naturo.de

Naturo Kork AG
www.naturokork.ch

Novilon
www.forbo-flooring.de

objectflor
www.objectflor.de

Pergo
www.pergo.com

Project Floors
www.project-floors.com

renolit
www.renolit.com

August Schär
www.kokosweberei-schaer.de

Tarkett Holding GmbH
www.tarkett-floors.com/de

ter Hürne
www.terhuerne.de

tilo
www.tilo.com

Sichtestriche und Beschichtungen

AB-Polymerchemie
www.ab-polymerchemie.de

BASF
www.basf.com

Derbigum
www.derbigum.com

DuPont
www.dupont.de

Floor ART
www.ortloff-bodensysteme.de

Floor Concepts
www.floorconcepts.be

KORODUR
www.korodur.de

Maler Pfister AG
www.naturfloor.ch

Mortimor
www.mortimor.de

Naturhaus Naturfarben
www.naturhaus.net

Pandomo
www.ardex-pandomo.com

Tierrafino
www.tierrafino.com

Troglauer Franz
franz-troglauer@t-online.de

Uzin Utz AG
www.uzin-utz.com

Vögerl
www.fugenlos.com

ARCHITEKTEN

architektur+raum
www.architekturplusraum.de

Annette Bartsch
www.annettebartsch.de

baurmann.dürr Architekten
www.bdarchitekten.eu

Bembé Dellinger Architekten
www.bembe-dellinger.de

Berschneider + Berschneider
www.berschneider.com

Klaus Beslmüller
www.architekt-beslmueller.de

Bucher-Beholz Architekten
www.bucherbeholzarchitekten.de

Gudrun Fischer
www.architektin-fischer.de

Gassner & Zarecky
www.gassner-zarecky.de

gdk – greive.diflo.kuckert_architekten
www.architekten-gdk.de

Herkrath + Bogatzki
www.herkrath-bogatzki.de

HPA+ Architektur
www.hpa.de

H^2M Architekten + Stadtplaner
www.h2m-architekten.de

k_m architektur
www.k-m-architektur.com

Hans Kneidl
www.hanskneidl.de

Peter Kuchenreuther
www.kuchenreuther-architekt.de

[lu:p] Architektur
www.lu-p.de

philipparchitekten
www.philipparchitekten.de

Albert Ringlstetter
www.ringlstetter-zh.de

Schärf Bolze Ludwig
info@bfb-bauforschung.de

Jürgen B. Schrader
www.bausv-schrader.de

Anja Seidler
www.kubatur-architektur.de

FOTONACHWEIS

AtHomePublishers: 17; 30–32; 72–77 alle; 110 oben links; 112–113; 124 oben links; 138–143; 145–147

Johannes Kottjé: 16 unten links und rechts; 20–22 alle; 23 oben links und rechts; 24 unten; 28 rechts; 35 oben, unten links; 37–38 alle; 40; 41 rechts; 42–43 alle; 44 oben; 45–47 alle; 53 links; 64 alle; 65 oben; 70–71 alle; 82–84 alle; 85 oben; 87–89 alle; 92; 106; 111 alle; 144; 148–155 alle

Die übrigen Fotos stammen von den auf den jeweiligen Seiten genannten Herstellern.

IMPRESSUM

MIX
Papier aus verantwortungsvollen Quellen
FSC® C012425

Das für dieses Buch verwendete FSC®-zertifizierte Papier Profisilk liefert IGEPA.

1. Auflage

Grafische Gestaltung und Herstellung: Susanne Hermann/DVA
Lithografie: Helio Repro, München
Druck und Bindung: Offizin Andersen Nexö Leipzig
Printed in Germany
ISBN 978-3-421-03755-8

www.dva.de